Kanada: Der Osten

W0069955

Hans Günther Meurer

Reisen mit Erlebnis-Garantie

MERIAN-TopTen
Was Sie unbedingt sehen sollten

MERIAN-Tipps
Persönliche Empfehlungen
unserer Autoren

MERIAN-Bewertung
Übernachten, Einkaufen,
Essen und Trinken mit Flair

Für Familien
Für Eltern mit Kindern besonders
geeignet

Tourenplaner
Damit Sie leichter ans Ziel kommen

Hans Günther Meurer,
Jahrgang 1957, lebt
und arbeitet als Reise-
journalist in der Nähe
von Hamburg. Ein
mehrjähriger Aufent-
halt als Korrespondent
in Frankreich führte
ihn auch in eine franko-
phone Enklave, nach
Québec. Dort entdeckte
er seine Liebe zu Kana-
da. Seither reist er je-
des Jahr mehrere Wo-
chen mit dem Campmo-
bil durch die Ostprovin-
zen des Landes.

*Modell für Urbanisten: Torontos atem-
beraubende Architektur in Verbindung
mit großzügigen Landschaftsfreiräu-
men hat der Stadt weltweit einen besonderen Ruf eingebracht (→ S. 61).*

Freiheit und Natur, Erlebnis und Abenteuer: Mit einer Reise in die endlosen Weiten Kanadas erfüllen sich viele Besucher diesen lang gehegten Traum.

Die stürzenden Wassermassen der Chute Montmorency erstarren im Winter zu einer riesigen Eiswand (→ S. 51).

Abenteuer – ein passenderes Wort kann es für einen Kanada-Urlaub nicht geben. Allein die Ausmaße des nach Russland zweitgrößten Landes der Erde sind nach europäischem Empfinden gewaltig. Québec ist fünfmal so groß wie die Bundesrepublik, und in Ontarios Grenzen passt Deutschland fast dreimal hinein. Zusammengenommen mit New Brunswick, Nova Scotia, New Foundland (Labrador) und Prince Edward Island nehmen die Provinzen Québec und Ontario in etwa die Fläche Europas ein. Möchten Sie den gesamten kanadischen Osten kennen lernen, wäre es also ratsam, mindestens sechs Wochen dafür einzuplanen. Wer weniger Zeit hat, sollte sich auf eine Provinz beschränken.

In einer außergewöhnlichen Form, nämlich auf Nummernschildern, bekunden Tag für Tag Millionen von Autofahrern ihre Zuneigung für ihre jeweilige Provinz: **Yours to discover** – unter diesem Slogan lockt das »zu entdeckende« Ontario mit dem Ruf der Wildnis, und in Québec wird die französische Tradition mit dem provozierenden Motto **Je me souviens** – »Ich erinnere mich« – wachgehalten.

New Foundland/Labrador: die jüngste Provinz

1497 steuerte der Seefahrer John Cabot im Auftrag der englischen Krone gen Westen, um eine Schiffspassage nach Indien zu finden. Er landete auf einer felsigen Insel, wusste, dass dies keinesfalls Indien sein konnte, und rief: »Oh, I have found new land«. In diesem Moment hatte Neufundlands Geburtsstunde geschlagen. St. John's ist nicht nur die Hauptstadt dieser östlichsten kanadischen Provinz, sondern auch die am weitesten östlich gelegene Stadt des nordamerikanischen Kontinents.

Die zweigeteilte Provinz **New Foundland/Labrador** besteht seit 1949. Kalt und stürmisch ist Labrador, ein fast menschenleeres Land mit hohen Bergen, gewaltigen Gletschern und tiefen Fjorden. Hier und da trifft man auf eine Indianer- oder Inuitsiedlung; nur entlang der Küste und natürlich in den Minenstädten wie Labrador-City leben Menschen; insgesamt etwa 30 000. Die Hälfte des kanadischen Eisenerzes wird in den Industriestädten gefördert. Einen Urlaub in Labrador **macht** man nicht, man muss ihn planen wie eine Reise zum Nordpol.

Rund 17 000 Küstenkilometer müsste man hinter sich bringen, wollte man Neufundland einmal per Schiff umrunden. Riesige Fjorde haben sich in das Land hineingefressen. Außer am Highway 1 leben auf der Insel kaum Menschen. Holzwirtschaft und Fischerei sind nach wie vor die wichtigsten Erwerbszweige der Neufundländer, deren Vorfahren die Insel als schottische Auswanderer im 17. und 18. Jahrhundert besiedelten. Am besten zu erleben sind Wald, Wasser, Wildnis in den beiden Nationalparks **Gros Morne** und **Terra Nova**. In der wildromantischen Landschaft leben noch reichlich Elche, Schwarzbären und Luchse.

Nova Scotia: der Tourismus blüht

200 Kilometer Atlantik trennen Port-aux-Basques im Süden Neufundlands von Glace Bay im Norden der Provinz **Nova Scotia**. Sie ist neben Prince Edward Island die reizvollste Atlantikprovinz und hat sich in den vergangenen Jahren mehr und mehr auf den Tourismus konzentriert. Vor allem US-Amerikaner bevölkern in den Sommermonaten die kleinen Dörfer der waldreichen Halbinsel. Dann kann es leicht passieren, dass die vielen Campingplätze entlang der zehn Trails mit Wohnmobilen überfüllt sind.

Diese Routen führen den Urlauber kreuz und quer durch das Land. Der **Marine Drive**, von Halifax in nordwestlicher Richtung führend, und der **Cabot Trail** auf Cape Breton Island gehören zu den schönsten Küstenstraßen des gesamten Kontinents. Lange Zeit lebten die Menschen vom Bootsbau, denn Holz war reichlich vorhanden. Heute sind die Boote aus Stahl, und so kämpft auch Nova Scotia mit einer schweren Werftenkrise. Besonders betroffen ist Lunenburg, eine deutsche Siedlung nahe Halifax, die fast ausschließlich vom Bootsbau lebte. Viele Einwohner mussten ihre Heimat verlassen. Dafür blühen die Städte und Dörfer auf der anderen Inselseite: In der **Bay of Fundy** liegt das **Annapolis-Becken**. Das fruchtbare Farmland, von sanften Hügeln vor dem rauen Seeklima geschützt, ist zur Zeit der Apfelblüte im Frühjahr ein wahrer Garten Eden.

New Brunswick: das Tor nach Kanada

Was hier der Obstanbau, ist dort die Seeschiffahrt. Die Rede ist von **St. John's** in **New Brunswick,** dem einzigen eisfreien Hafen Kanadas. Er behauptet gerne von sich, das »Tor nach Kanada« zu sein, auf jeden Fall ist er für Menschen in New Brunswick das Tor zur Welt. Denn über den St. John River kommen aus dem Landesinnern Kohle und Steine, Holz und Papier in die Hochseehafen, um in die ganze Welt verschifft zu werden. Holz gibt es in der Provinz reichlich: 80 Prozent der Fläche sind bewaldet. Touristisch hinkt New Brunswick den anderen Atlantikprovinzen zwar etwas hinterher, aber die Provinz arbeitet daran. Fünf touristische Routen erschließen ihre »natürliche« Schönheit, und natürlich führt auch eine durch den **Fundy National Park**, der eine außergewöhnliche Attraktion zu bieten hat: den Tidenhub. 18 Meter Differenz liegen zwischen Ebbe und Flut, größer ist der Gezeitenunterschied nirgendwo.

New Brunswick verdankt seinen Namen übrigens dem König von England, der aus dem Hause Braunschweig stammte und die junge Provinz gegen Ende des 18. Jahrhunderts in die Unabhängigkeit entließ.

Prince Edward Island: die grüne Ferieninsel

Der Name von **Prince Edward Island** geht ebenfalls auf einen Engländer des 18. Jahrhunderts zurück. Prince Edward, Duke of Kent und Vater von Queen Victoria, befehligte zwar die königlichen Truppen in Halifax, Nova Scotia, aber seine große Zuneigung galt jenem kleinen Eiland zwischen Nova Scotia und New Brunswick. Als es 1769 unabhängig wurde, erhielt es den Namen seines Gönners. Wäre es nach den Ureinwohnern, den Micmacs, gegangen, dann würde die Insel heute vielleicht »Abegweit« – In der Wiege der Wellen – heißen. P.E.I., wie die Kanadier ihre kleinste Provinz (5660 Quadratkilometer groß) liebevoll nennen, Prince Edward Island also, könnte aber auch den Namen Spud Island tragen. Denn Spud bedeutet in der Umgangssprache Kartoffel – und tatsächlich ist die Insel ein einziger großer Kartoffelacker, denn in den roten Lehmböden gedeihen die schmackhaften Erdäpfel wie sonst nirgendwo.

Auch der Tourismus blüht, denn längst haben Kanadier und US-Amerikaner das Kleinod vor der eigenen Haustür erkannt und bevölkern Dörfer und Strände, wenn das Thermometer im Sommer leicht 30 Grad und mehr erreicht. Zum lockeren Badeurlaub aus dem Bilderbuch gibt es dann feine Kartoffelgerichte aus dem Kochbuch.

Québec: Frankreichs Dépendance

Das Kochen gehört in einer anderen Provinz des kanadischen Ostens zum Lebensinhalt: **Québec**, die etwas andere Provinz. Es war Jacques Cartier, der 1534 das Land am **St.-Lorenz-Strom** für die französische Krone in Besitz nahm. Québec ist immer noch eine französische Bastion und Montréal nach Paris die größte französisch sprechende Stadt. Knapp sieben Millionen Menschen leben in einem 300 Kilometer breiten Siedlungsgürtel entlang des St.-Lorenz-Stroms. Über diesen Seeweg kamen einst auch die französischen Siedler nach »Nouvelle France«, dessen Schönheit und Fruchtbarkeit sich schnell herumgesprochen hatte.

Nach mehreren Kriegen mit den Neu-Engländern, die sich entlang der fünf großen Seen angesiedelt hatten, einigte man sich 1791 endgültig auf ein friedliches Nebeneinander: Im **Constitutional Act** wurde auch die französische Sprache als offizielle Provinzsprache festgeschrieben. So konnte sich Québec seine französische Kultur bewahren. Die

Oben: In manchen Gegenden Kanadas ist der Motorschlitten im Winter das einzige Fortbewegungsmittel. Schneehöhen zwischen vier und sechs Metern sind keine Seltenheit.

Mitte: Der Algonquin Provincial Park mit seinen zahlreichen Seen und Flüssen ist am besten zu Fuß oder mit dem Kanu zu erkunden. In Notfällen hilft nur das Wasserflugzeug (→ S. 70, 80).

Unten: Der Indian Summer dauert in den Ostprovinzen von Mitte September bis Mitte Oktober.

zweite große Auswanderungswelle in die »nouvelle colonie« begann mit dem Ersten und endete mit dem Zweiten Weltkrieg, aber noch heute ist Québec das Traumland aller auswanderungswilligen Franzosen.

So ist es zu verstehen, dass sich Québec bis heute eine ganz eigene Identität erhalten hat, auf die all jene ganz besonders stolz sind, die aus der Provinz einen eigenen Staat bilden möchten. Die nationale »parti québécois« hatte in den sechziger Jahren ihre Blütezeit und stellte mit René Lévesque den Ministerpräsidenten der Provinz. Blutige Anschläge einer radikalen Separatistenorganisation untermauerten damals den Wunsch nach Unabhängigkeit, der aber in Abstimmungen nicht die Mehrheit der Bürger fand. Auch bei der jüngsten Volksbefragung im Oktober 1995 stimmten die Québécois mit 50,4 Prozent erdenklich knapp gegen die Unabhängigkeit. Man muss diese Hintergründe kennen, wenn man als Urlauber auf dem nordamerikanischen Kontinent plötzlich in eine frankophile und frankophone Umwelt hineingerät. Kaum hat man nämlich die Provinzgrenze zwischen Ontario und Québec passiert, tauchen französische Straßenschilder auf. Québec City könnte aufgrund des sommerlich-warmen Wetters und der Atmosphäre wegen genauso gut am französischen Atlantik oder am Mittelmeer liegen. Alles in dieser alten und wunderschönen Stadt ist französisch – wen verwundert das bei 83 Prozent französisch-stämmiger Bevölkerung. Immer mehr Anglophone wandern ab, ziehen nach Ontario oder wenigstens nach Montréal, die Drei-Millionen-Metropole im Süden der Provinz. Hier wird man nicht schräg angeschaut, wenn man einen Hot dog statt eines »chien chaud« verlangt, wie der amerikanische Wurstimbiss in Québec City tatsächlich heißt. Montréal ist eine fröhliche und weltoffene Stadt mit altem Kern, dem »Vieux-Montréal« am Hafen, wo man ausgezeichnet essen kann. Nach der Olympiade von 1976 erlebte die Stadt einen Aufschwung, der sich inzwischen jedoch gewaltig zugunsten Torontos verlagert hat.

Ontario: das Bilderbuch-Kanada

Toronto ist eine durch und durch amerikanische Stadt, sie könnte genauso gut in den USA liegen. In den letzten Jahren hat sie sich zur Finanz- und Wirtschaftsmetropole gemausert; Anleger aus aller Welt zogen das politisch stabile Toronto dem von Unabhängigkeitskämpfen gebeutelten Montréal vor. Toronto ist ein Melting-pot im besten Sinn: Etwas mehr als ein Drittel der Einwohner ist britischer Abstammung, der Rest stammt aus Italien und Deutschland, Griechenland und China. Die Stadt liebt Superlative: Es gibt mehr als hundert Kunstgalerien und Museen, drei Dutzend Theater, unzählige Restaurants. Und 200 Parks. Langeweile muss also in dieser Stadt nicht aufkommen.

Toronto ist zwar Sitz der Provinzverwaltung von Ontario, aber politisch bestimmt die Zentralregierung in Ottawa die Zukunft Kanadas. Ottawa, 300 Kilometer nordöstlich von Toronto, kam durch eben diese günstige geografische Lage zur Hauptstadtehre. 1857 war Ottawa nicht mehr als ein Bauarbeiternest, aber es lag und liegt exakt auf der Grenze zwischen den rivalisierenden Provinzen Québec und Ontario. Noch unterlag Kanada englischer Kontrolle, und so entschied Queen Victoria, dass weder der einen noch der anderen Provinz durch die Kür einer Hauptstadt ein Vorteil erwachsen sollte – das Grenzdorf Ottawa wurde Kapitale. Inzwischen hat sich die Arbeitersiedlung zu einer ansehnlichen Hauptstadt mit kosmopolitischem Flair entwickelt. Ottawa hat die meisten Museen im Lande, eine Tatsache, auf die man stolz ist, die jedoch zum Beispiel einem Westkanadier in Vancouver die Zornesröte ins Gesicht treibt. Er kann kaum verstehen, wieso mit seinen Steuergeldern erst eine Hauptstadt renommierfähig gemacht werden musste, während es doch ausreichend Weltstädte gab. Und zum anderen ärgert er sich, dass er von den Errungenschaften in Ottawa überhaupt nichts hat, denn eventuell wird er seine Hauptstadt wegen der großen Entfernung nie sehen.

So wird er also auch das Naturereignis Ontarios nie leibhaftig erleben, die **Niagara-Fälle** an der kanadisch-amerikanischen Grenze. Auch wenn längst der Massentourismus Einzug gehalten hat, eine Reise ist das feuchte Spektakel allemal wert. Auf einer Länge von mehr als einem Kilometer stürzen sich die Fluten gut 50 Meter in die Tiefe und beruhigen sich erst wieder, wenn sie längst im Niagara River in den Ontario-See fließen. Zu empfehlen ist auf jeden Fall ein Trip auf einer der »Maid of the Mist« (→ MERIAN-Tipp, S. 77), jener Boote, die seit 150 Jahren Tag für Tag Touristen mitten hinein in die kanadischen Fälle fahren – 10 000 sind es zur Hauptreisezeit täglich!

Neben den Niagara-Fällen ist der **Algonquin Provincial Park**, gut 300 Kilometer nördlich von Toronto, der Anziehungspunkt in Ontario. Natur pur für Angler, Kanuten und Wanderer. Er ist hervorragend erschlossen und alleine einen zweiwöchigen Urlaub wert. Wer allerdings im Juni per Kajak oder Kanu von einer Insel zur nächsten unterwegs ist, muss sich unbedingt mit Sprays und entsprechender Kleidung vor den Mücken schützen: Die **black flies**, winzige schwarze Tierchen, kennen kein Erbarmen. Ganz in der Nähe des Parks liegt **North Bay**, eine Stadt, die berühmt geworden ist, weil von hier aus der **Polar Bear Express** Richtung Moosonee startet. Eben noch im milden Sommerklima des mittleren Kanada, ist man nach dreitägiger Fahrt im Land der Eisbären.

Aber auch das ist Kanada. Während die USA längst den Nimbus verloren haben, das Land der unbegrenzten Möglichkeiten zu sein, wurde Kanada zum »Land der unbegrenzten Abenteuer«.

Preiswerte, saubere Unterkünfte

findet man in großer Auswahl. Gleich bleibenden Standard bieten Kettenhotels. Reservierung ist grundsätzlich empfehlenswert.

Im Château Laurier in
Ottawa erwartet den Gast
der Komfort eines Spitzen-
hotels (→ S. 37).

HOTELS UND ANDERE UNTERKÜNFTE

Canadian Pacific hieß die Eisenbahngesellschaft, die die Trans-Kanada-Eisenbahn quer durchs Land baute und an ihrer Strecke fürstliche Hotels entstehen ließ, wie das Château Laurier in Ottawa und das Château Frontenac in Québec. Hier wie auch in allen anderen Herbergen ist das Frühstück nicht im Preis enthalten, dafür müssen noch einmal 10 bis 15 Can$ einkalkuliert werden.

Entsprechend weniger Komfort bieten die **family hotels** der Best-Western-Gruppe und die **Motels** an den Highways. Reservierungen sind in allen Hotels sinnvoll, bei den Motels ratsam, wenn der Verlauf der Ferienreise abzusehen ist. Ähnlich wie beim Mietwagen wird auch an den Rezeptionen der Unterkünfte eine Kreditkarte verlangt.

Bed and breakfast hat Konjunktur, vor allem auf dem Land. Hier müssen Sie auf Hinweisschilder in den Fenstern achten und in den **tourist offices** nach Adressen fragen. Bei dieser preiswertesten Form der Übernachtung teilen Sie sich Toilette und Waschraum mit anderen Gästen.

Natur pur bieten die **lodges**. Diese Feriencamps liegen in ausgesucht schönen Gegenden, und oft tragen sie dem auch in Bauweise und Bewirtschaftung Rechnung. Oft liegen sie weit ab von den Straßen und Ortschaften, so dass die Eigentümer einen eigenen Abholdienst von Flughafen oder Bahnhof organisieren. Deshalb ist die Buchung über ein Reisebüro oder der direkte Kontakt zu den Lodges notwendig.

Besonders auf Prince Edward Island laden viele Höfe – so genannte **farmstays** oder **guestranches** – zu einem doch recht familiären Aufenthalt ein.

Für die **youth hostels** und die Unterkünfte der »Vereinigung christlicher junger Männer/Frauen« (YMCA/YWCA, 7 und 10 Can$ pro Nacht) ist ein Jugendherbergsausweis erforderlich. Auch Universitäten bieten in den Semesterferien Schlafmöglichkeiten an.

Prinzipiell sollten Sie in den amerikanischen und kanadischen Ferienmonaten Juli und August vorher buchen. Dies können Sie auch bereits in den **information centres** an der Provinzgrenzen oder den **tourist offices** in den Städte erledigen. Viele Unterkünfte gewähren Sondertarife am Wochenende – fragen Sie danach!

Hotels sind bei den einzelnen Orten im Kapitel »Sehenswerte Orte« beschrieben. **Kreditkarten** werden von den größeren Häusern allgemein akzeptiert.

MERIAN-Tipp

Obabika Lodge Knapp 500 km nördlich von Toronto liegt am Lake Obabika diese Lodge mit mehreren Cottages, kleinen, urgemütlichen Holzhäusern. Sie stehen direkt am See – genauso wie Sauna und Whirlpool – und bieten ruhesuchenden Gästen Komfort mitten im Busch. Hechte und Forellen tummeln sich im See, und die Benutzung der Motorboote ist natürlich im Preis enthalten. Ebenso das viergängige Diner nach französischem Vorbild. Je nach Saison kosten 7 Tage Vollpension rund 2200 Can$. Lake Obabika Lodge, The Herburger family, Box 10, River Valley, Ontario Canada, P0H 2C0 ■ C 21, S.118

Alle in diesem Buch empfohlenen Unterkünfte auf einen Blick

Preisklassen

Die Preise gelten für eine Übernachtung im Doppelzimmer für zwei Personen, ohne Frühstück.
★★★★ ab 150 Can$
★★★ 100–150 Can$
★★ 50–100 Can$
★ 25–50 Can$

Körper, Geist und Seele werden im Royal York Hotel in Toronto verwöhnt (→ S. 61).

In den großen Städten wird jeder Reisende zahlreiche Restaurants nach seinem Geschmack und aus aller Herren Länder finden – von A wie algerisch bis Z wie zypriotisch.

Attraktive Restaurants wie hier in Québec laden im ganzen Land zu stimmungsvollen, genussreichen Stunden ein.

Viele Köche verderben ja bekanntlich den Brei, aber die vielen unterschiedlichen Kulturen der ostkanadischen Provinzen führen zu einer abwechslungsreichen Vielfalt beim Essen. Alleine Toronto beherbergt mehr als 4000 Gaststätten, aber die Zahl der wirklich erlesenen lässt sich an zwei Händen abzählen.

Versuchen Sie von der jeweiligen heimischen Kochkunst zu profitieren: In den Atlantikprovinzen sollten besonders in Küstennähe Fisch und Schalentiere auf den Teller kommen; Québec versteht sich natürlich hervorragend auf die französische Küche; in Toronto müssen Sie in Chinatown Peking-Ente essen, und je weiter Sie gen Westen reisen, desto besser werden die Steaks. Freunde von Wildgerichten aller Art werden in Kanada enttäuscht. Zwar ist die Jagd als Zeitvertreib und Hobby weit verbreitet, doch darf das Wild nicht offiziell an Restaurants verkauft werden. Wer also in den Genuss von Wildbret kommen möchte, muss schon einen kanadischen Jäger zu seinen Freunden zählen ...

Fastfood und Haute Cuisine

Will man – zugegeben etwas grob – unterteilen, dann lassen sich die kanadischen Restaurants in drei Kategorien gliedern:

1. die Fast-food-Ketten, billig, schnell – wie wir sie aus heimischen Landen kennen;
2. das Mittelmaß-Restaurant, wo durchaus ansprechende Salate, Nudeln und Steaks zu fairen Preisen serviert werden;
3. das Plüsch-Ambiente, wo Sie in ausladenden Sofa-Garnituren versinken und manchmal sogar das Essen mit dem Preis konkurrieren kann.

In der Provinz Québec freilich verhält es sich etwas differenzierter, die Québecois legen – wie das französische Vorbild – mehr Wert auf Gastlichkeit und Kochkunst. Eine kanadische Besonderheit heißt **sirop d'érable**: Der Ahornsirup ist aus der kanadischen Küche nicht mehr wegzudenken, vor allem beim Frühstück und Nachtisch.

Sofern es der Hunger zulässt, sollten Sie sich immer für ein angebotenes Menü entscheiden; es ist preiswerter, als wenn man sich seine eigenen Gänge zusammenstellt. Es spricht für die Gastronomie, dass sich sowohl die Köche der Montréaler Altstadt als auch die der Touristenhochburg Québec einen guten Ruf erarbeitet haben. Denn trotz der vielen hungrigen Gäste hat hier wie da die Qualität nicht merklich gelitten – Ausnahmen bestätigen die Regel.

Von Mitte Juni bis Anfang Juli bieten alle Speisekarten von Montréal über Québec-Stadt bis an die Atlantikküste eine wirkliche Besonderheit an: Es ist die **Fête d'Homard**, das Hummerfest, und während dieser Zeit gibt es das edle Schalentier in allen Variationen zu unglaublichen Preisen. Das Überangebot der ostkanadischen Fischer führt dazu, dass in dieser Zeit ein ganzer Hummer, gegrillt oder gekocht, schon für rund 15 Can$ zu haben ist.

Kanadische Essgewohnheiten

Das kanadische Frühstück ist reichhaltig, süß, aber auch deftig. Süß wird es durch die **waffles with maple sirup**, die Buchweizenwaffeln mit Ahornsirup, und deftig durch die **scrambled eggs with bacon**, die Rühreier mit Schinken. Eier gibt es aber auch in anderen Versionen, die gewöhnlich auf der Speisekarte folgendermaßen beschrieben werden: »Sunny side up« bedeutet, dass sie als herkömmliches Spiegelei serviert werden, ein Ei »turned over« wurde einmal in der Pfanne gewendet, und »broiled eggs« heißt nichts anderes als Rührei. Die meisten Hotels sind natürlich längst dazu übergegangen, das Frühstück (**breakfast**) in Form eines mehr oder weniger üppigen Buffets anzubieten.

Das Mittagessen (**lunch**) ist weniger ausgiebig als das Abendessen (**dinner**), das sehr zeitig beginnt (18–18.30 Uhr).

Vor allem am Wochenende sollte man in gehobenen Restaurants einen Tisch reservieren und auf die Garderobe achten; gerade in Québec könnte es ansonsten passieren, dass man Ihnen ein Jackett hinterherträgt. Und seien Sie nicht so vermessen, den nächstbesten freien Tisch anzusteuern: In den meisten Restaurants werden Sie am Eingang durch dieses Schild höflich gebeten zu warten: »Wait to be seated«. Ein Platzanweiser wird Sie zu einem freien Tisch führen, und er tut dies auch im Sinne der Bedienung, denn viele Kellnerinnen und Kellner in Kanada leben fast ausschließlich vom Trinkgeld und sind also angewiesen auf eine faire Platzverteilung der Gäste.

Fühlen Sie sich also nicht von den Kellnern bedrängt, wenn öfters nachgefragt wird, ob alles »okay« oder »fine« sei. Das gehört zum Selbstverständnis der Bedienung. Weder die Steuern (15 Prozent) noch die Bedienung (ca. 10 Prozent) sind im Preis enthalten: Sie müssen also auf den in den Speisekarten angegebenen Preis in jedem Fall noch etwa 25 Prozent hinzurechnen. So kommt es, dass eine Pizza auf dem Papier nur mal eben sechs Can$ kostet.

Weinfreunde werden natürlich einen kanadischen Riesling oder Pinot Noir von der Niagara-Halbinsel bzw. aus dem Okanagan Valley im westlichen British Colum-

Lizenz zum Trinken

bia probieren. An diesen beiden klimatisch begünstigten Orten haben sich deutsche, französische, auch US-amerikanische Winzer niedergelassen, die nun erfolgreich Wein in Kanada anbauen. Insbesondere kanadische Rotweine halten den Vergleich mit europäischen Weinen durchaus stand. Doch bilden Sie sich ruhig Ihr eigenes Urteil, denn damit liegen Sie garantiert richtig. Wenn Sie allerdings in einem Restaurant Wein oder Bier genießen wollen, müssen Sie sich vorher erkundigen, ob es eine **Ausschanklizenz** besitzt. Wenn nicht, finden Sie am Eingang das Schild »bring your own wine« bzw. »apportez votre vin«. Dann dürfen Sie Ihre eigenen Getränke mitbringen und vom Kellner servieren lassen. Wer lieber zum Bier greift, sollte ein **draught**, ein gezapftes, starkes, dunkles Bier, bevorzugen. Die kanadischen hellen Lagerbiere (**light beer**) sind leicht und haben wenig Geschmack.

Restaurants sind bei den einzelnen Orten im Kapitel »Sehenswerte Orte« beschrieben.

Kreditkarten werden meist akzeptiert.

Preisklassen

Die Preise beziehen sich auf ein Menü ohne Getränke.
★★★★ über 50 Can$
★★★ über 30 Can$
★★ über 15 Can$
★ unter 15 Can$

ESSDOLMETSCHER

Wichtige Redewendungen im Restaurant

Die Speisekarte bitte	*Could I see the menu please?*
Die Rechnung bitte	*Could I have the bill please?*
Ich hätte gern einen Kaffee *coffee*	*I would like to have a cup of*
Auf Ihr Wohl	*cheers*
Wo finde ich die Toiletten (Damen/Herren)?	*Where are the washrooms (ladies/gents)?*
Kellner	*waiter*
Frühstück	*breakfast*
Mittagessen	*lunch*
Abendessen	*dinner*

A
alcoholic beverages: alkoholische Getränke
appetizer: Vorspeise
apple juice: Apfelsaft
apple pie: Apfelkuchen

B
bacon: Speck
barbecue: Gegrilltes
beans: Bohnen
beef: Rindfleisch
beer: Bier
blueberries: Heidelbeeren
boiled potatoes: Salzkartoffeln
brill: Meerbutt
broiled: gegrillt
brown bread: Schwarzbrot
byob: bring your own bottle

C
cabbage: Kohl
cake: Kuchen, Torte
catch of the day: fangfrischer Fisch
cauliflower: Blumenkohl
cereal: Getreideflocken, Müsli
chestnut: Esskastanie, Marone
chicken: Huhn
chowder: Muschelsuppe
clams: Muscheln
cod: Kabeljau
cole slaw: Krautsalat
crustacea: Krustentiere

D
decaffeinated coffee (auch *decaf*): koffeinfreier Kaffee
dish of the day: Tagesgericht
doughnut: Schmalzgebackenes
duck: Ente

E
eel: Aal
egg: Ei
– sunny side up: Spiegelei
endives: Endivien

F
fennel: Fenchel
figs: Feigen
fowl: Geflügel
french fries: Pommes frites
fried: in der Pfanne gebraten
– eggs: Spiegeleier
– potatoes: Bratkartoffeln
– sausage: Bratwurst
fruit juice: Fruchtsaft

G
game: Wild
garlic: Knoblauch
gooseberry: Stachelbeere
grapefruit: Pampelmuse
grape juice: Traubensaft
grapes: Weintrauben
green beans: grüne Bohnen

H
haddock: Schellfisch
halibut: Heilbutt
ham: Schinken
happy hour: Happy Hour mit günstigen Getränken meist zwischen 17 und 19 Uhr
hard boiled egg: hart gekochtes Ei
hare: Hase
haricot beans: weiße Bohnen
hash: Gehacktes
hazelnut: Haselnuss
herbal tea: Kräutertee
herring: Hering
honey: Honig
horseradish: Meerrettich
house wine: Hauswein

I
ice-cube: Eiswürfel
– cream: Speiseeis
iced tea: Eistee

J
jam: Marmelade
jelly: Gelee
juice: Saft
juniper berries: Wacholderbeeren

L
lamb chop: Lammkotelett
leek: Lauch, Porree
lemon: Zitrone
lentils: Linsen
lettuce: Kopfsalat
liver: Leber
lobster: Hummer
loin: Lendenstück

M
mackerel: Makrele
marmalade: Orangenmarmelade
mashed potatoes: Kartoffelbrei
meat: Fleisch
meat balls: Fleischklößchen
medium rare: halb durchgebraten
menu: Speisekarte
mushrooms: Pilze
mussels: Miesmuscheln
mustard: Senf

N
night cap: letzte Bestellung
noodles: Nudeln
nuts: Nüsse

O
octopus: Tintenfisch
onion: Zwiebel
orange juice: Orangensaft
oyster: Auster

P
pancake: Pfannkuchen
pastry: Gebäck, Kuchen
peanuts: Erdnüsse
pepper steak: Pfeffersteak
pie: Pastete, Torte
pork: Schweinefleisch

potatoes: Kartoffeln
prawns: Steingarnelen

Q
quail: Wachtel
quince: Quitte

R
rabbit: Kaninchen
rare: fast roh
raspberries: Himbeeren
red cabbage: Rotkohl
red currants: rote Johannisbeeren
rice: Reis
roast: Braten

S
salmon: Lachs
sausage: Wurst
scallops: Jakobsmuscheln
scrambled eggs: Rühreier
sea food: Meeresfrüchte
shellfish: Schaltiere
sirloin steak: Lendensteak
smoked: geräuchert
snapper: Tiefseefisch
soft boiled egg: weich gekochtes Ei
sole: Seezunge
strawberries: Erdbeeren
sunny side up: Spiegelei

T
T-bone steak: Steak (mit Knochen)
tenderloin: Filetstück
tip: Trinkgeld
trout: Forelle
tuna fish: Tunfisch

Y
veal: Kalb
vegetables: Gemüse
venison: (Rot-)Wild
vinegar: Essig

W
wafers: dünne Waffeln
wait to be seated: auf die Platzanweisung warten
walnut: Walnuss
well done: gut durchgebraten
whipped cream: Schlagsahne

Wichtige Redewendungen im Restaurant

Die Speisekarte bitte	*La carte, s'il vous plaît [la kart sil vu plä]*
Die Rechnung bitte	*L'addition, s'il vous plaît [ladisjõ sil vu plä]*
Ich nehme ...	*Je prends ... [schö prã]*
Wo finde ich die Toiletten? (Damen/ Herren)?	*Où sont les toilettes (dames/ hommes)? [u sõ leh toalät (dam/om)]*
Kellner	*garçon [garsõ]*
Frühstück	*petit déjeuner [pti dehschöneh]*
Mittagessen	*déjeuner [dehschöneh]*

A

addition: Rechnung
agneau: Lamm
aiglefin: Schellfisch
aïl (à l'aïl): Knoblauch (mit Knoblauch)
anchois: Sardelle (Anchovis)
artichauts: Artischocken
assiette: Teller

B

bar: Barsch
barbeau (barbillon): Barbe
bargue: Meerbutt
beignet: Krapfen
betterave rouge: rote Bete
bien cuit: durchgebraten
bœuf: Ochse oder Rind
boisson: Getränk
bouteille: Flasche
brème: Brasse
brioche: Hefegebäck (meist zum Frühstück)
byob: apportez votre vin (bring your own bottle)

C

cabillaud: Kabeljau
cacahuètes: Erdnüsse
caille: Wachtel

canard: Ente
carré d'agneau: Lammrückensteak
carrelet: Scholle
carte: Speisekarte
chèvre: Ziege, Ziegenkäse
chou: Kohl
choucroute: Sauerkraut
citron pressé: frisch gepresster Zitronensaft
colin: Seehecht oder Schellfisch
concombre: Gurke
coq: Hahn
coquilles, coquillages: Muscheln
coquilles Saint-Jacques: Jakobsmuscheln
côte: Rippenstück
crêpes: Eierpfannkuchen
crevettes: Garnelen
crudités: Rohkostsalate
crustacés: Krustentiere

D

daurade, dorade: Goldbrasse
déjeuner: Mittagessen
digestif: Verdauungsschnaps
dinde: Pute
dindon: Truthahn, Puter

E

eau: Wasser
– *gazeuse:* Selterswasser
– *naturelle:* natürliches Mineralwasser (ohne Kohlensäure)
– *minérale:* Mineralwasser
– *(non) potable:* Wasser (nicht) zum Trinken
écrevisses: Krebse
épinards: Spinat
escalope: Schnitzel
entrée: Vorspeise

F

faux-filet: Lendenstück vom Rind
flan: Pudding
flétan: Heilbutt
foie: Leber
fourchette: Gabel
framboise: Himbeere
fromage: Käse
fruits: Früchte, Obst
fumé: geräuchert

G
gâteau: Kuchen
garçon: Kellner, Ober
gibier: Wild
gigot: Keule
glace: Eis
glaçon: Eiswürfel
gratin: Auflauf, Überbackenes
grillades: Gegrilltes

H
hachis: Gehacktes, Haschee
haricots verts: grüne Bohnen
heures joyeuses: Happy Hour
homard: Hummer
hors-d'œuvre: Vorspeise
huîtres: Austern

J
jambon: Schinken
jarret: Haxe
jus: Saft

L
lait: Milch (*lait entier:* Vollmilch)
laitue: Kopfsalat
lapin: Kaninchen
légumes: Gemüse
libre-service: Selbstbedienung
lotte de mer: Seeteufel
loup de mer: Wolfsbarsch (Seewolf)

M
maquereau: Makrele
mâche: Feldsalat
marron: Esskastanie
medium saignant: halb durchgebraten
miel: Honig
morue: Kabeljau
moules: Muscheln
moutarde: Senf (Mostrich)
mouton: Hammel, Schaf

N
navets: weiße Rübchen
noisettes d'agneau: Lammnüsschen
note: Rechnung

O
œuf: Fi
œufs au miroir: Spiegelei

oie: Gans
oignons: Zwiebeln
ouvre-bouteille: Flaschenöffner

P
pain: Brot
palourdes: Muscheln
pâtisserie: Konditorei
pêche: Pfirsich
petit déjeuner: Frühstück
plat: Gericht, Platte
à point: kross gebraten (außen knusprig, innen rosa)
pomme: Apfel
pommes de terre: Kartoffeln
porc: Schwein
potage: Suppe
poulet: Brathähnchen
poulpe: Tintenfisch
pourboire: Trinkgeld
prière d'attendre: auf die Platzanweisung warten

R
raisins: Weintrauben
rosbif: Roastbeef, Rostbraten
rôti: Braten, gebraten

S
saignant: »englisch« gebraten
saucisson: Schnitt- oder Brühwurst
saumon: Lachs
service (non) compris: Bedienung (nicht) inbegriffen
sole: Seezunge

T
tarte: Obstkuchen
thon: Tunfisch
tranche: Schnitte, Scheibe
tripes: Kutteln, Innereien
truite: Forelle

V
veau: Kalb, Fleisch vom Kalb
viande(s): Fleisch
vinaigre: Essig
volaille: Geflügel

Y
yaourt: Joghurt

Kanada ist Landschaft pur.

Aber auch die Städte haben ihren Charme. So lebt Ihre Reise von den Gegensätzen: eben noch in Betonschluchten und wenig später im Busch.

Big Apple, Chicago oder Dallas? Torontos Skyline kann es locker mit den Wolkenkratzern der US-amerikanischen Städte aufnehmen (→ S. 61).

»La Joie de Vivre«: Jenen unbekümmerten Lebensstil haben die Franzosen mit über den großen Teich genommen. In Montréal spürt man ihn vor allem im alten Stadtkern.

Montréal   ■ A 16, S. 114

3 000 000 Einwohner
Stadtplan → Klappe hinten

Es liegen zwar nur 500 Highway-Kilometer zwischen Toronto und Montréal, aber dennoch trennen die beiden größten Städte Kanadas Welten. Hier die Metropole, die auch irgendwo in den USA liegen könnte, und dort die Stadt, die – mit etwas Fantasie freilich – auch auf europäischem Boden gewachsen sein könnte. Die Montréaler sind stolz darauf, die größte französisch-sprechende Metropole außerhalb Frankreichs zu sein. Und sie machen dem Vorbild Paris durch den weltoffenen Lebensstil, das reiche Kulturangebot und natürlich das gute Essen alle Ehre.

Drei Millionen Menschen leben heute auf der Insel zwischen dem Ottawa-Fluss und dem St.- Lorenz-Strom, und wäre der französische Entdecker Jacques Cartier Anfang des 16. Jh. nicht von den Stromschnellen des St. Lorenz gestoppt worden, hätte er den 238 m hohen Hügel vielleicht nie zu Gesicht bekommen.

Weil die Aussicht auf die beiden Flüsse so schön war, taufte er ihn den »königlichen Berg«, Mont Royal – die Geburtsstunde Montréals. Später planten französische Missionare von hier aus die Christianisierung der Indianer, und immer mehr Menschen kamen, um in der Stadt, die sich zu einem bedeutenden Pelzhandels-Zentrum entwickelte, einen Neuanfang zu wagen.

Das Jahr 1959 setzte mit der Einweihung des St.-Lorenz-Seeweges einen bedeutenden Meilenstein, denn er ermöglicht es Hochseedampfern, eine Strecke von 3775 km vom Atlantik bis in den Lake Superior nach Thunder Bay zurückzulegen. So wurde der Hafen Montréals zum wichtigen Umschlagplatz und nach New York zum zweitgrößten Atlantikhafen auf dem Kontinent, obwohl er 1600 km vom Meer entfernt ist.

Die Früchte dieser Entwicklung ernteten die Montréaler, als 1967 die Weltausstellung und die Olympischen Spiele 1976 den Bekanntheits- und Beliebtheitsgrad der Stadt rapide in die Höhe schraubten. Dennoch konnten die finanziellen Belastungen durch die erhofften wirtschaftlichen Impulse nicht aufgefangen werden.

Ein anderer finanzieller Kraftakt hat sich hingegen sehr gelohnt, die Restaurierung des **Vieux-Montréal**, des historischen Stadtkerns am Hafen. Hier landeten einst die ersten europäischen Siedler und machten aus dem königlichen Hügel Mont Royal die französische Kolonie Montréal.

Hotels/andere Unterkünfte

Auberge de Jeunesse Internationale de Montréal – Jugendherberge   ■ b 6
1030, rue Mackay; Tel. 514/843-3317, Fax 514/934-3251; Métro: Lucien-l'Allier; 102 Schlafplätze

Hôtel l'Europe　　　■ b 5
Hotel der Best-Western-Kette.
1240, rue Drummond; Tel. 514/866-6492,
Fax 514/408-9; Métro: Peel; 124 Zimmer
★ ★ AmEx EURO VISA

Motel Colibri　südwestlich ■ c 6
Eine gute Adresse für alle, die sich
nur kurz in der Stadt aufhalten wollen.
6960, rue St-Jacques Ouest;
Tel. 514/486-1169; 38 Zimmer
★ AmEx EURO VISA

Pierre & Dominique　　　■ c 1
So familiär wie der Name vermuten
lässt, so gemütlich ist dieses Bed &
Breakfast-Motel auch.
271 Square St. Louis; Tel. 514/286-0307

Reine Elisabeth M　　　■ c 5
Eines der renommierten CP-Hotels,
nahe der Altstadt und des Zentrums.
Im »goldenen« Stockwerk wird man
im entsprechenden Preis-Leistungs-
Verhältnis besonders verwöhnt.
900, bd. René Lévesque Ouest;
Tel. 514/861-3511, Fax 514/954-2256;
Métro: Bonaventure; 1 043 Zimmer
★ ★ ★ ★ AmEx DINERS EURO VISA

Vacances Canada 4 Saisons
Für Jugendliche der Hit.
5155, av. de Gaspé; Tel. 514/495-2581,
Fax 514/278/7508; Métro: Laurier;
250 Zimmer ★

**YWCA Résidence de
Montréal – Jugendherberge**　■ b 6
1355, bd. René Lévesque Ouest;
Tel. und Fax 514/866-9941;
Métro: Lucien-l'Allier;
128 Schlafplätze

Spaziergang

Métro oder Taxi sind notwendig, um
alle Sehenswürdigkeiten der Stadt zu
erleben, aber die Altstadt **Vieux-
Montréal** lässt sich gut zu Fuß erkunden. Beginnen Sie den Spazier-

gang auf der **Place d'Armes** mit der
gegenüberliegenden **Basilique de
Notre-Dame** und dem **Denkmal Paul
Chomedey de Maisonneuve,** der einige Jahre nach Jacques Cartier 1642
den Grundstein der Stadt legte. Auf
der **Rue St-Sulpice** gehen Sie links
an der Basilika vorbei und stoßen
dann auf eine der ältesten Straßen
Montréals, die **Rue St-Paul.** Hier biegen Sie links ab und sind somit im
Herzen der Stadt. Sie werden schnell
merken, dass Franzosen hier am Werk
waren, denn ein Restaurant reiht sich
an das nächste – und die meisten
halten auch, was sie vollmundig auf
der Speisekarte versprechen. 1804
wurden auf der **Place Jacques Cartier**
zum erstenmal Waren verkauft; vom
Marktplatz hat sie sich heute zu einem Treffpunkt für junge Leute und
Straßenmusiker entwickelt. Am obe-
ren Ende des Platzes stehen rechts
das **Hôtel de Ville,** das um 1875 gebaute Rathaus der Stadt, und links
das Justizgebäude. Nach einigen weiteren Metern auf der Rue St-Paul stoßen Sie auf den imposanten **Marché
Bonsecours,** gebaut zwischen 1845
bis 1852. In diesem Gebäude der
Neo-Renaissance residierte damals
auch kurz das kanadische Parlament,
heute ist ein Teil der Stadtverwal-
tung darin untergebracht. Direkt hinter dem langen Gebäude liegt die
**Chapelle de Notre-Dame-de-Bon-
secours.**

Sehenswertes

Basilique de Notre-Dame　　■ d 4
Die einen bezeichnen sie als kitschig,
für die anderen verkörpern die Holz-
schnitz- und Glasarbeiten dieser
1829 gebauten Kirche wahre Kunst.
Das römisch-katholische Gotteshaus
mit seinen 3000 Sitzplätzen und einer
prächtigen Orgel wird auch für Konzerte genutzt. Wenn Sie um den Altar
herumgehen, kommen Sie in die Chapelle Notre-Dame, eine beliebte Hoch-

zeitskapelle. Wartezeit für Heirats-
willige: mindestens ein Jahr.
116, rue Notre-Dame Ouest/Pl. d'Armes;
Métro: Place-d'Armes

Cathédrale Marie-Reine-du-
Monde ■ c 5
Das »Zuhause« des katholischen Erz-
bischofs von Montréal. Eingepfercht
zwischen Hochhäusern ist sie die
maßstabsgetreue Nachbildung des
Petersdoms in Rom. 1870 bis 1894
erbaut.
Bd. Réné Lévesque; Métro: Bonaventure

Chapelle de Notre-Dame-de-
Bonsecours ■ e 3
1673 wurde hier als Andenken an die
erste Lehrerin der Siedlung eine Holz-
kapelle gebaut. Sie wurde 1771 ab-
gerissen und später so rekonstruiert,
wie sie heute zu bewundern ist. Da
die Kapelle in der Nähe des Hafens
steht, wurde sie bald zur Wallfahrts-
stätte der Seemänner, die als Danke-
schön kleine Holzschiffe an der De-
cke aufhängten. Gehen Sie – wenn
geöffnet – auch auf den Turm, die
Aussicht lohnt sich.
400, rue St-Paul Est; Métro: Champ-de-
Mars

Mont Royal mit Oratoire St-Joseph
■ a 2–4 und südwestlich ■ a 6
Eine knappe halbe Stunde dauert ein
Fußmarsch aus der Innenstadt hinauf
auf den Mont Royal. Der gesamte
»königliche Hügel« ist heute ein
Park, und bei schönem Wetter hat
man eine herrliche Aussicht. Das
Oratoire St-Joseph ist das kanadische Lourdes. Um die Jahrhundertwende heilte der Jesuitenmönch Bruder André Kranke von ihren Leiden.
Aus Dankbarkeit baute er auf dem
Berg eine kleine Kapelle, die später
zu einer monumentalen Kirche er-
weitert wurde und seither Jahr für
Jahr Abertausende von Pilgern auf
den Mont Royal strömen lässt.
Métro: McGill

Parc Olympique
(Olympiastadion) nördlich ■ c 1
Wenn man ein Faible für Architektur
hat, sollte man sich unbedingt das
Olympiastadion ansehen, das von einem schönen Park umgeben ist. Die
190 m hohe Stahl-Beton-Konstruk-
tion des Stadiondaches wurde erst
elf Jahre nach Austragung der Olympischen Spiele 1987 fertig gestellt.
Ein Aufzug bringt Sie zu einer Aus-
sichtsplattform.
Métro: Pie IX

Le Pélican ■ e f 3
Es ist weltweit die einzige Nachbildung eines französischen Kriegs-
schiffes aus dem 17. Jh. Der großarti-
ge Dreimaster ist ein **living museum**,
in dem Schauspieler das harte Leben
an Bord nachspielen. Das Schiff liegt
im Vieux-Port, dem alten Hafen.

Place Jacques-Cartier ■ e 3
Im Sommer treffen sich hier von früh
bis spät Fremde wie Einheimische.
Fast alle Häuser stammen aus dem
frühen 19. Jh. und wurden prächtig
restauriert; trotz der vielen Touristen bieten die Restaurants gutes
Essen.

Underground City
Eine Stadt in der Stadt, denn außer einem Verkehrsmittel ist die Métro ein
riesiges Einkaufszentrum: 1400 Boutiquen, 150 Restaurants, 40 Bankfilia-
len und 30 Kinos und Theater sind
durch unterirdische Gänge und Passagen miteinander verbunden. Hinter-
gedanke sind die strengen Winter:
Wer trockenen Fußes einkaufen will,
tut dies unter der Erde.

Museen

Musée d'Art Contemporain ■ c 3
Ein Querschnitt moderner Kunst.
Hafenviertel
185, rue Ste-Catherine Ouest; Métro:
Place-des-Arts; Di–So 10–18 Uhr

Musée des Beaux-Arts ◼ a 5
Kanadische Kunst von Malerei bis hin
zur Waffenschmiede, aber auch europäische Maler, zeigt dieses Haus aus
dem Jahre 1812.
1379, rue Sherbrooke Ouest; Métro:
Guy-Concordia; Di–So 10–18 Uhr

Musée de Château Ramezay ◼ e 3
Claude Ramezay war Anfang des
18. Jh. Gouverneur von Montréal.
Er hinterließ diese prächtig einge-
richtete Villa.
2280, rue Notre-Dame Est; Métro:
Champ-de-Mars; Di–So 10–16.30 Uhr

Musée McCord ◼ c 2
Es dokumentiert sehr eindrucksvoll
die Geschichte des nordamerikanischen Kontinents, speziell der kanadischen Indianer und Inuit.
690, rue Sherbrooke Ouest;
Metro: McGill; Di–So 10–18 Uhr

Essen und Trinken

Französische Lebensart ist ohne französische Esskultur gar nicht möglich.
In den Restaurants der Rue Prince-Ar-
thur können Sie mitgebrachten Wein
trinken. Restaurants in allen Varian-
ten finden Sie in der Rue St-Denis.

L'Altro ◼ d 4
Feine italienische Küche mit gut sor-
tiertem Weinangebot.
205, av. Viger Ouest; Tel. 5 14/3 93-34 56;
Métro: Place-d'Armes; durchgehend
geöffnet ★ ★ AmEx EURO VISA

Chez Bernard ◼ a 4
Sympathisches Restaurant mit an-
spruchsvoller französischer Küche.
275, rue Notre-Dame Ouest; Tel. 5 14/
2 88-42 88; Métro: Place-d'Armes;
Di–Sa 18.30–24 Uhr, So geschl.
★ ★ EURO VISA

Guillaume Tell ◼ b 5
Französische Delikatessen und Köst-
lichkeiten à la Suisse sind die Spezia-

litäten des Hauses, das man unein-
geschränkt empfehlen kann.
2055, rue Stanley; Tel. 5 14/2 88-01 39;
Métro: Peel; Fr und Sa reservieren,
So geschl. ★ ★ AmEx DINERS EURO VISA

Les Filles du Roy ◼ e 3
In ehrwürdigem Gemäuer können Sie
hier die etwas fetthaltigere »Cuisine
québécoise« probieren.
415, rue St-Paul Est; Tel. 514/381-1777;
am Wochenende reservieren; Métro:
Champs-de-Mars; Mi geschl.
★ ★ ★ AmEx EURO VISA

La Marée M M ◼ e 3
Wer einen außergewöhnlichen Abend
im Vieux-Montréal mit einem vorzüglichen Dinner beginnen möchte, ist
hier am richtigen Ort. Spezialität:
Fische und Schalentiere.
404, pl. Jacques-Cartier; Tel. 514/861-
8126; keine Reservierung; Métro:
Champs-de-Mars; durchgehend geöffnet
★ ★ ★ ★ AmEx DINERS EURO VISA

Einkaufen

Montréal ist ein Paradies für Modebewusste – die »gedankliche« Nähe
zu Paris, der Modehauptstadt dieser
Welt, ist besonders in den Boutiquen
zu spüren.

The Canadian Guild of Crafts
Hier finden Sie Handarbeit der Inuit
und Indianer.
2025, rue Peel; Métro: Peel;
Mo–Sa 9–18.30 Uhr

Holt Renfrew ◼ a 5
Nobeladresse für Modebewusste.
1300, rue Sherbrooke Ouest;
Métro: Guy-Concordia

**Marché
Jean-Talon** nordwestlich ◼ b 1
Farmer aus dem gesamten Umland
verkaufen hier ihre hausgemachten
Produkte. Vor allem die vielen ver-
schiedenen Käsesorten nehmen es

spielend mit ihren französischen Vorbildern auf.
707, rue Casgrain; Métro: Jean-Talon;
Mo–Mi 7–18, Do, Fr 7–21, Sa, So 7–17 Uhr

Rue Crescent ■ b 5–6
Ein Bummel lohnt sich wegen der vielen Trödel- und Secondhandgeschäfte.
Métro: Peel

Rue Ste-Catherine ■ b c 4
Die Hauptgeschäftsstraße mit den großen Kaufhäusern Eaton und La Baie.
Métro: McGill

Ville souterraine
(Métro) M M ■ c 4–5
Hauptsächlich zwischen der Place Ville-Marie und der Place Bonaventure finden Sie unter der Erde alles, was der Mensch zum Leben braucht. Etwas gewöhnungsbedürftig sind die Restaurants, denn es stehen zu viele Tische und Stühle zu eng nebeneinander.

Am Abend

Montréal ist eine quicklebendige Stadt, dafür sorgen allein schon die Studenten, die abends die Cafés und vielen Musikkneipen füllen. Im Gegensatz zu Toronto gibt es hier ein

MERIAN-Tipp

Le Pierrot Wenn eine regional bekannte Band hier spielt, stehen die Leute draußen geduldig Schlange. Drinnen hat jeder einen halben Quadratmeter Platz zum Tanzen, aber die Stimmung ist unbeschreiblich. 114, rue St-Paul Ouest; Métro: Place-d'Armes; Eintritt 5 Can$ ■ e 4

Nachtleben, das seinem Namen auch gerecht wird: Bistros und Diskotheken, Kneipen und Bars – im Rotlichtmilieu.

Biddle's ■ b 4
Ein Muss für Jazzfreunde mit ständig wechselndem Programm.
2060, rue Aylmer; Tel. 514/842-8656;
Métro: McGill

Metropolis ■ c 2–3
In diesem Komplex sind mehrere Diskotheken untergebracht. Auch für Theaterveranstaltungen verschiedenster Art wird der Bau genutzt.
59, rue Ste-Catherine Est;
Tel. 514/288-5559; Métro: St-Laurent

Place des Arts ■ c 3
Vier Theater- und Konzertsäle befinden sich unter dem Dach dieses 1964 eröffneten Kulturzentrums. Es ist die Heimat des renommierten Orchestre Symphonique de Montréal.
Auskünfte unter Tel. 514/285-4200;
Métro: Place-des-Arts

Pollack Concert Hall ■ b 3
Eine Art Podium der musikalischen Fakultät der Uni, denn hier treten regelmäßig Studentenbands auf, ihr Repertoire reicht von Klassik bis Pop.
555, rue Sherbrooke Ouest;
Tel. 514/398-4547; Métro: McGill

Spectrum de Montréal ■ c 3
Große Konzerthalle, in der die bekannten Popgrößen unserer Zeit auftreten.
318, rue Ste-Catherine Ouest;
Tel. 514/861-5851; Métro: Place-des-Arts

Théâtre Saint-Denis ■ d 2
Hier gastieren vor allem kanadische Bands.
1594, rue St-Denis; Tel. 514/849-4211;
Métro: Berri-UQAM

Oben: Der »höchste schiefe Turm der Welt«: Im 45-Grad-Winkel ragt der Olympiaturm von Montréal kühn gen Himmel (→ S. 28).

Mitte: Die Glasfiber-Skulptur »La Foule Illuminée« von Raymond Mason steht vor der Banque Nationale de Paris an der Avenue McGill College.

Unten: Die Cathédrale Marie-Reine-du Monde an der Square Dorchester ist eine um die Hälfte verkleinerte Kopie des Petersdoms in Rom (→ S. 28).

Service

Auskunft
Infotourist ■ b 5
1001, square Dorchester; Métro: Peel;
Tel. 5 14/8 73-20 15, gebührenfrei:
Tel. 1-800-363-7777; 1. Juni–30. Sept.
8.30–19.30, Okt.–Mai 9–18 Uhr

Bahnhof ■ c 5
Gare Centrale
539, rue de la Gauchetière Ouest

Bureau de Montréal ■ d 4
174, rue Notre-Dame Ouest;
keine Telefonauskunft

Busse
Montréal Urban Community ■ b 5
Ihr gehören die innerstädtischen Bus-
unternehmen und die Métro. Ein Ticket kostet 1,80 Can$, es muss vorher
an einem Schalter gelöst werden. Wer
an einer Busrundfahrt teilnehmen
will, kann dies mit der **Gray-Line** tun.
1001, square Dorchester im Info-Center;
pro Person 25 Can$

Medizinische Hilfe
In jeder Drogerie gibt es auch eine
Apotheke (geöffnet 9–21 Uhr).
Große Drogerieketten heißen: Jean
Coutu, Pharmaprix und Cumberland.

Hôpital Général
de Montréal südlich ■ a 5
1650, La. Cedar; Tel. 5 14/937-6011

Hôpital Royal Victoria ■ a 3–4
687, La. des Pins; Tel. 514/842-1231

Mietwagen
Tilden Car
Tel. 514/842-9445

Taxi
Taxen verlangen eine Grundgebühr
von 2,15 Can$ und 1 Can$ pro km.

Ziele in der Umgebung

Fort Chambly 👫 ■ B 16, S. 114

Nach wenigen Kilometern auf der
Autoroute 10 in östlicher Richtung
kommt die Abfahrt Chambly. Sie fahren nun mitten hinein ins malerische
Vallée du Richelieu mit dem Rivière
Richelieu, der im Lac du Champlain
an der Grenze zu den USA entspringt
und bei Sorel in den St. Lorenz-Strom
mündet. Ursprünglich hieß der Fluss
Rivière des Iroquois, da Samuel de
Champlain in diesem Tal mehrere
kriegerische Auseinandersetzungen
mit dem Indianerstamm hatte. Um
die »aufsässigen« Einheimischen in
Schach zu halten, wurden entlang
des Flusses einige Forts gebaut, so in
St-Jean-sur-Richelieu, in **Sorel** und
Chambly. Hier steht mit dem **Fort
Chambly** das bedeutendste der Forts:
1709 bis 1711 wurde die kleine stei-
nerne Festung von den Franzosen gebaut, und trotz der bis zu 10 m
dicken Mauern fiel das Fort 1760 an
die Briten und 1775 an die Amerikaner. Heute zeigen Ausstellungen
das Leben der Soldaten und frühen
Siedler des 18. Jh.
Mitte Mai–Mitte Oktober tgl. geöffnet.;
Eintritt frei

Historischer Park Pointe-du-Moulin ■ A 16, S. 114

Nehmen Sie die Autoroute 20 nach
Westen und anschließend den Don
Quichote Bd. Ihr Ziel ist die **Ile Perrot**,
eine Insel, auf die Sie eine wunderschön restaurierte Windmühle finden.
1705 wurde sie gebaut und musste
1977 bis 1978 grundlegend renoviert
werden. Eine Ausstellung und ein
Film verdeutlichen, wie damals Mehl
gemahlen wurde, und im Juli/August
spielen Schauspieler das Leben einer
Müllerfamilie nach.
Mitte Mai–Anf. Sept. tgl. 9 Uhr–Sonnen-
untergang; Eintritt frei

Ile Sainte-Hélène 👫
■ A 16, S. 114

Die Insel ist so etwas wie der Vergnügungspark der Stadt, in den Sie mit
der Métro oder über zwei Brücken
mit dem Auto gelangen. »La Ronde«
zählt zu den verrücktesten Vergnügungsparks in ganz Kanada, und wer
es etwas gesitteter mag, der kann
sich im städtischen Aquarium über
alle möglichen Fischarten, Reptilien
und Pinguine informieren (geöffnet
10–20 Uhr). Auf der Ile Sainte-Hélène
und der vorgelagerten aufgeschütte-
ten Ile Notre-Dame spielte sich 1967
die Weltausstellung ab, heute wird
das Gelände von Terre des Hommes
für Ausstellungen und Konzerte genutzt. Im **Vieux Fort**, dem 1822 gebauten Marinemuseum, verrichten
Studenten ihren schauspielerischen
Wehrdienst – vorwiegend im Sommer bei schönem Wetter.

Kahnawake Indian Reserve 👫
■ A 16, S. 114

Hier leben heute noch rund 1800 Indianer in einer Art Freilichtmuseum.

Sie führen alte Stammestänze auf,
spielen Rituale nach und sprechen
ihre eigene Sprache, Mohawk. 1719
wurde hier die **Saint-François-Xavier-
Mission** gebaut, in der noch heute
sonntags Gottesdienste abgehalten
werden. Wenn Sie nach echter Handarbeit Ausschau halten, werden Sie
hier bestimmt fündig, denn die Indianer sind wahre Meister im Knüpfen
und Flechten.
18 km entfernt über die Pont Mercier
und die 138 Ouest

Lachine Rapids ■ A 16, S. 114

Diese Stromschnellen hinderten
Jacques Cartier seinerzeit daran, weiter ins Landesinnere vorzudringen.
La Chine, frz. China, heißen sie nach
ihrem Entdecker La Salle, der unbedingt einen Seeweg nach China finden wollte, aber ebenfalls hier stran-
dete. Der Ort selbst bietet eine ganze
Reihe parkähnlicher Promenaden.

*Eines der berühmtesten Beispiele neu-
gotischer Architektur in Nordamerika:
die Basilique de Notre-Dame (→ S. 27).*

Sie können die Stromschnellen heutzutage nicht nur vom sicheren Ufer aus erleben, sondern auch hautnah, und zwar mit der Jet-Boat-Tour. In einem Düsenboot fahren Sie von oben in das Wildwasser hinein und werden, obwohl in Pullover und Friesennerz gehüllt, garantiert pitschnass. Auch das Panorama von Montréal vom Boot aus ist lobenswert. Der Spaß kostet 40 Can$ und beginnt an der Anlegestelle am Ende der Rue Berri in Montréal:
Tel. 514/284-9607; Mai–Sept.

Parc de la Châteauguay   südlich ■ A 16, S. 114

Über die Pont Mercier gelangen Sie in südlicher Richtung auf der Route 138 und der Landstraße Nr. 4 nach etwa 50 km über Châteauguay, einer hübschen Kleinstadt mit bedeutungsvoller Vergangenheit, zum Parc de la Châteauguay. Hier wurden 1813 während des Krieges zwischen den Briten und Amerikanern (1812–1814) 3000 amerikanische Soldaten gestoppt und zurückgeschlagen. Die Schlacht ist in einem Gebäude direkt am »battlefield« dokumentiert, ein Film verdeutlicht ihren Verlauf. Gehen Sie auch auf den Turm – er bietet einen Blick über die Landschaft, wo die Auseinandersetzung stattfand. Anfang Mai–Mitte Okt. tgl. geöffnet.

Parc National de la Mauricie   ■ A 15, S. 114

Folgen Sie dem Highway 40 in nördlicher Richtung nach Trois-Rivières und biegen Sie dort ab auf den 55er. Er führt Sie über den Ort **Grand-Mère** direkt in den Nationalpark. Die Kleinstadt verdankt ihren Namen einem Gestein, das beim Bergbau gefunden wurde und das Profil einer alten Dame haben soll.

Der Parc National de la Mauricie zeichnet sich durch eine vielfältige Flora und Fauna aus. Es gibt Schwarzbären und Wölfe, und auch Biber und Fischotter haben sich hier angesiedelt. Wasservögel finden an den fast 50 Seen des Parks ideale Lebensbedingungen, vor allem am **Lac du Caribou** im Südwesten des rund 500 qkm großen Parks. In der Nähe sind auch Campgrounds ausgewiesen. Wer länger bleiben will, kann in Bungalows wohnen, über die man an den Parkeingängen nähere Informationen erhält. Auch Angler und Kanuten müssen sich hier erst anmelden. Der Park ist das ganze Jahr über geöffnet.

Ganz in der Nähe des Parks befindet sich das **Village du Bucheron**, ein rekonstruiertes Holzfällercamp aus der Zeit der Jahrhundertwende. Die armseligen Hütten zeugen von dem harten Leben eines Holzfällers **(bucheron)** in Pionierzeiten.

In Montréals quirliger Einkaufsstraße Rue Ste-Catherine ist auch abends immer was los.

Hauptstadt mit provinziellem Charme:
Um den Capital District hat sich eine junge,
moderne Stadt entwickelt, die Einwohnern und
Besuchern viel Lebensqualität bietet.

Ottawa ■ F 22, S. 119

750000 Einwohner
Stadtplan → S. 39

Auch ihre ärgsten Widersacher können der Stadt am Ottawa River ein gewisses Flair nicht absprechen. Schnell haben die Verantwortlichen gemerkt, dass aus dem ehemaligen Bauarbeiterort Bytown keine Metropole von Welt zu schaffen sein würde, denn mit Toronto und Montréal lagen dafür schon zwei natürlich gewachsene Städte zu nahe. Und die hatten noch bis weit in dieses Jahrhundert hinein große Probleme damit, den von John By 1826 gegründeten Ort als Hauptstadt zu akzeptieren. Damals war Mr. By von der britischen Krone beauftragt worden, an der Stelle des heutigen Ottawa einen Kanal zwischen dem Ottawa River und dem Lake Ontario zu bauen. Dieser Rideau-Kanal ist heute ein beliebter Wasserweg für Freizeitkapitäne.

Das kleine Nest avancierte 1857 zur Hauptstadt des angehenden Staatenbundes – und dies durch eine glückliche Weisung der britischen Königin. Queen Victoria suchte damals einen neutralen Flecken zwischen Montréal und Toronto. Und so kam sie auf Bytown, der Ort, der zwischen den beiden Städten und exakt auf der Grenze zwischen den Provinzen Ontario und Québec liegt.

1854 wurde aus Bytown Ottawa, benannt nach dem Fluss, und seither hat die Hauptstadt viel an ihrer Entwicklung zu einem kulturellen und wissenschaftlichen Zentrum gebastelt.

So wurden Museen gebaut, die es zu einem weltweiten Renommee gebracht haben, und drei Universitäten sowie mehrere Forschungsinstitute angesiedelt. Die Kanadier wissen die Bemühungen zu schätzen, aus dem einstigen Dorf eine Stadt von Welt zu machen, und so stammen die meisten Ottawa-Besucher aus dem eigenen Land. Immer noch ist Kanada das beliebteste Reiseland unter Kanadiern, und für manch einen von der Westküste ist die Reise in die ferne Hauptstadt im Osten wie der Trip in eine andere Welt.

Im Frühling präsentiert sich Ottawa von seiner blumigsten Seite, denn dann stehen die abertausend Tulpen in Blüte, die jedes Jahr aus Holland in die kanadische Hauptstadt geschickt werden. So bedankt sich das niederländische Königshaus dafür, dass die damalige Prinzessin und einstige Königin Juliane hier während des Zweiten Weltkriegs Zuflucht gefunden hat.

Hotels/andere Unterkünfte

Bayshore Hotel südwestlich ■ a 4
Nettes Haus mit gemütlicher Atmosphäre.
2980 Carling Ave.; Tel. 613/829-9411, Fax 613/829-3612; 96 Zimmer
★ ★ ★ EURO VISA

Cartier Place Hotel ■ b 3
Die Nobelherberge für den Anspruchsvollen. Zentral gelegen.
180 Cooper St.; Tel. 613/236-5000, Fax 613/238-3842; 132 Zimmer
★ ★ ★ AmEx DINERS EURO VISA

Château Laurier M M M ■ b 2
Auf dem Weg vom Parliament Hill in Richtung Stadtmitte gelangen Sie automatisch zu diesem Blickfang der Stadt. Erst 1912 wurde dieses monumentale Schloss als Hotel der kanadischen Eisenbahngesellschaft CP gebaut. Heute dient es der Regierung als Gästewohnsitz, und viele Stars und Sternchen pflegen hier zu nächtigen. Werfen Sie ruhig einen Blick hinein, auch wenn Sie nicht beabsichtigen, ein Zimmer zu mieten. Fragen Sie aber dennoch nach Sondertarifen (→ Bild S. 12/13).
1 Rideau St.; Tel. 613/241-1414, Fax 613/241-958; 440 Zimmer
★★★★ AmEx DINERS EURO VISA

**Journey's
End Motels** südwestlich ■ a 5
Das Haus gehört zur größten kanadischen Motelkette. Komfort und Ausstattung sind angemessen.
222 Hearst Way; Tel. und Fax 613/592-2200; 104 Zimmer ★★ AmEx EURO VISA

Ottawa International Hostel ■ c 3
Von 1862 bis 1972 waren die historischen Mauern ein Gefängnis. 1869 wurde hier der letzte Gefangene erhängt – heute ist das Haus ein sicherer Ort für junge Leute.
75 Nicholas St.; Tel. 613/235-2595, Fax 613/569-2131

Spaziergang

Unser Spaziergang beginnt am **Capitol Information Centre** an der Metcalfe/Ecke Wellington Street. Gegenüber liegt der **Parliament Hill** mit den Regierungsgebäuden. Vom Info-Centre kommend folgen Sie der Wellington Street nach rechts und erreichen

Das Vorbild für Ottawas Parlamentsgebäude im neogotischen Stil steht in England. 1860 legte der britische Kronprinz Edward den Grundstein.

nach etwa 500 m auf der linken Seite das Wahrzeichen der Stadt, das **Château Laurier**. Direkt hinter dem schlossähnlichen Hotel gelangen Sie über die Mackenzie Avenue zum kulturellen Aushängeschild der Hauptstadt, der **National Gallery of Canada**. Gegenüber liegt die Basilica of Notre-Dame. Gehen Sie den Sussex Drive zurück, und biegen Sie nach wenigen Häuserblocks links in die York Street ab. Dort stoßen Sie auf das bunte Leben rund um den Byward Market.

Sehenswertes

Laurier House östlich ■ c 3
Sir Wilfried Laurier, Premierminister von 1897 bis 1919, ließ sich dieses imposante viktorianische Bauwerk als Wohnsitz errichten. Die Möbel sind allesamt echt. Lohnenswert ist auch ein Bummel durch den wunderschönen Park.
335, Laurier Ave. East; April–Sept. Di–Sa 9–17, Okt.–März 10–17, Sa 14–17 Uhr

Nepean Point ■ b 1
Bei schönem und klarem Wetter erleben Sie von dieser kleinen Erhebung neben der Alexandra Bridge einen imposanten Blick auf die Stadt. Erwarten Sie aber keine Wolkenkratzer, die hoch in den Himmel ragen, denn eine Skyline nach amerikanischen Muster besitzt nur Toronto. Dafür pflegt Ottawa eine lebendige Theaterszene, und vielleicht haben Sie ja Glück, und es findet unterhalb der Statue des Samuel de Champlain (Entdecker des St.-Lorenz-Gebietes) gerade eine Theater- oder Musikaufführung statt.

Parliament Hill
Als gut britisch könnte man den Stil des Regierungsviertels, mit dessen Bau 1860 begonnen wurde, bezeichnen. 1916 zerstörte ein Feuer den Großteil der Gebäude, und zurück

blieb nur der 92 m hohe Peace Tower, das Pendant zum Big Ben in London. Im Informationszelt auf dem Vorplatz erfahren Sie, ob die Regierungsgebäude für Besucher geöffnet sind und der Peace Tower begehbar ist, denn von oben bietet sich Ihnen ein herrliches Panorama. Auch den täglichen Wachwechsel um 10 Uhr – nur in den Sommermonaten – sollten Sie einmal miterlebt haben.
Führungen Mai–Sept. 9–20.30 Uhr, im Winter 9–16.30 Uhr

Sparks Street ■ a b 3
Sie bildet tagsüber das pulsierende Herz der Stadt unter dem Motto: sehen und gesehen werden. Hübsche Boutiquen wechseln sich in dieser Fußgängerstraße mit guten Restaurants und Bankhäusern ab.

Museen

Canadian Museum of Civilization 👫 ■ a 1
Hier wird die Besiedlung des gesamten nordamerikanischen Kontinents nacherzählt. Wahre Märchen werden in einem eigenen Kindermuseum dargestellt.
100, rue Laurier, Hull; tgl. 9–17 Uhr (Sommer); Eintritt 6 Can$

Canadian Museum of Nature ■ b 4
Hier werden Relikte aus grauer Zeit präsentiert: Die Spuren der Dinosaurier und anderer urzeitlicher Lebewesen, die man in den Badlands der Provinz Alberta fand, sind hier ausgestellt.
Metcalfe St./ Ecke McLeod St.; tgl. 9.30–17 Uhr (Sommer)

National Gallery of Canada ■ b 1–2
Erst 1988 wurde dieser beeindruckende Neubau nach Entwürfen des aus Israel stammenden Architekten Moshe Safdie fertig gestellt. Das Museum besteht hauptsächlich aus Glas und Granit und bildet einen Kontrast zu den alten Bauwerken Ottawas. Hier sind viele Werke der kanadischen Group of Seven, aber auch europäischer Meister, wie Picasso und El Grecos »Hl. Franz von Assisi«, beheimatet. Am Abend wird der gesamte Bau illuminiert.
380 Sussex Drive; Mai–Sept. tgl. 10–18 Uhr, Okt.–April 10–17 Uhr; Eintritt 6 Can$

National Museum of Science and Technology südöstlich ■ c 4
Hier kann jeder experimentieren und die Wunderwelt der Technik hautnah erleben. Durch ein Teleskop kann man seinen Glücksstern suchen.
1867 St. Laurent Blvd.; 9–17 Uhr (Sommer); Eintritt 4 Can$, Kinderermäßigung

Essen und Trinken

Clarence Street Pizzeria und Memories Restaurant ■ c 2
Zwei gemütliche Restaurants direkt nebeneinander, Ersteres mehr für den einfachen Hunger auf Italienisches, im »Memories« wird der Gaumen etwas mehr verwöhnt. Bei Sonnenschein im Innenhof.
Sussex Drive/Ecke Clarence St.; Tel. 613/283-5763
★ ★ AmEx EURO VISA

Courtyard Restaurant ■ c 2
Außergewöhnlich an dieser Gaststätte ist ihr Haus, denn in dem Gemäuer dinierten schon die Diplomaten des vergangenen Jahrhunderts.
21 George St.; Tel. 613/238-4623
★ ★ ★ AmEx DINERS EURO VISA

Fish Market M ■ c 2
Fischrestaurant am Byward Market. Wechselnde Tagesspezialitäten.
54 York St.; Tel. 613/563-4954
★ AmEx DINERS EURO VISA

Hy's ◼ b 3

Steakhouse in der Nähe des Parliament Hill mit Plüschatmosphäre, die eher an eine Bar erinnert. Fragen Sie Fernando, den spanischen Oberkellner, was er Ihnen empfehlen kann.
170 Queen St.; Tel. 613/234-4545
★ ★ ★ AmEx EURO VISA

Mother Tucker's ◼ c 2

Das Familienrestaurant, in dem man schnell auf amerikanische Weise satt wird.
61 York St.; Tel. 613/238-6525
★ EURO VISA

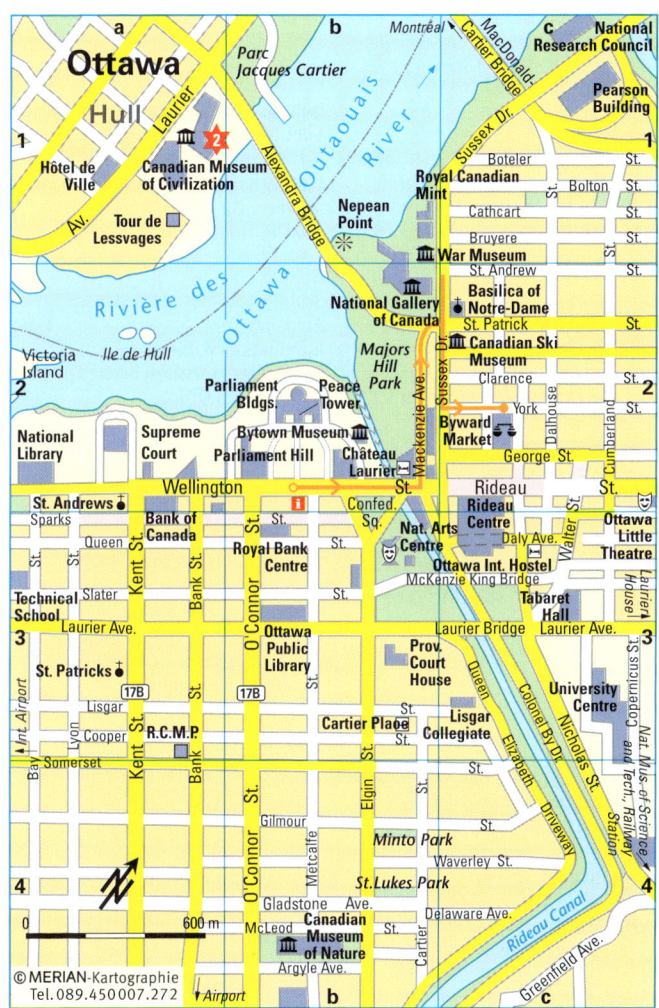

Einkaufen

Ottawa hat einige sehr schöne – und teure – Einkaufsstraßen. Die Mode in den Boutiquen ist beeinflusst von europäischen und vor allem Pariser Couturiers. Natürlich spielt dabei eine Rolle, dass viele Einwohner Ottawas als Mitarbeiter im Regierungs- und Verwaltungszentrum zu Ansehen und Geld gekommen sind. Selbstverständlich gibt es auch in Ottawa die Shopping Malls, die alles von A bis Z anbieten.

Byward Market M M ■ c 2
Ein Markt mit Tradition: Seit 1840 kommen die Farmer und Händler aus der Umgebung täglich ab 7 Uhr hierher, um ihre Produkte anzupreisen.
York St.

Rideau Centre ■ c 2–3
Mit über 200 Geschäften Ottawas größte Shopping Mall. Dazu gehört auch die Einkaufsstraße an der Mündung des Rideau-Kanals.
Rideau St. Walkway

Sparks Street Mall ■ a b 3
Die lustigste und bunteste Einkaufsmeile der Stadt. Von preiswert bis exklusiv, von einfach bis ausgefallen reicht hier die Palette von Boutiquen und Restaurants.
Sparks St.

Am Abend

Wer was erleben will, muss auf die andere Seite des Flusses fahren, nach Hull (→ S. 42). Die Stadt liegt bereits in Québec und ist entsprechend liberaler. Hier haben Bars und Pubs bis 3 Uhr geöffnet, in Ottawa fällt bereits um 1 Uhr der Vorhang.

Barrymore's ■ a 4 (verdeckt)
Aus einem Filmpalast entstand eine Live-Disco.
323 Bank St.

National Arts Centre ■ b 3
Theateraufführungen und klassische Konzerte des hier beheimateten National Art Symphonie Orchestra.
Confederation Square

Le Nouveau Chez
Henri westlich ■ a 1
Diskothek in einem viktorianischen Haus. Am Wochenende voll.
179 Promenade du Portage

Ottawa Little Theatre ■ c 2
Das kleine Theater hat sich in der Vergangenheit gemausert und einen festen Platz mit Komödien und Lustspielen in Ottawas Kulturleben erobert.
400 King Edward Ave.

Service

Auskunft ■ b 2
Informationen über Hotels und Restaurants erhalten Sie im Tourist Informations Office.
Wellington St./Ecke Metcalfe St. (gegenüber dem Parlament);
Tel. 613/239-5000, Fax 613/239-5063;
tgl. 8.30–17 Uhr

Bahnhof südöstlich ■ c 4
Der Bahnhof befindet sich nicht in der City, sondern in einem südlichen Vorort. Es führen aber gute Busverbindungen in die Hauptstadt.
Züge nach Montréal und Toronto verkehren mehrmals täglich.

Notruf
Tel. 613/911

Die National Gallery: Der gläserne Kunstpalast beherbergt eine der bedeutendsten Sammlungen von Gemälden, Zeichnungen und Plastiken kanadischer Künstler (→ S. 38).

Ziele in der Umgebung

Hull ■ F 22, S. 119

Während die meisten Hauptstädter die Brücken nach Hull wegen des Amusements erst nachts überqueren, lohnt sich touristisch der Weg dorthin auch am Tage, vor allem wegen des **Musée Canadien du Civilisation** nahe der Alexandra Bridge. Außen symbolisiert der Bau mit der gewagten Linienführung die Entstehungsgeschichte des Landes: Wind, Gletscher und Flüsse. Und innen geht das heftig diskutierte Experiment weiter: Es beherbergt die größte Totempfahlsammlung der Welt, vollzieht die Landung der ersten Wikinger nach und lässt in einem »Living Museum« die Zeit der Jahrhundertwende wieder lebendig werden. Während Erwachsene ihre Zeitreise durch Kanada unternehmen oder sich im Imax- oder Omnimax-Kino amüsieren, können Kinder im angeschlossenen **Children's Museum** eine Bustour durch die halbe Welt unternehmen.
Laurier St./Laurier Blvd.; tgl. 9–18 Uhr, im Winter bis 17 Uhr; Eintritt Erw. 8, Jugendliche 6, Kinder 4 Can$

Laurentides ■ A 16, S. 114

Um in die sanfte Bergwelt der Laurentides, auch die »Schweiz Québecs« genannt, zu kommen, müssen Sie in nordöstlicher Richtung den Highway 307 fahren. In **Mont-Laurier** biegen Sie rechts auf die 117 und gelangen so in den schönsten Teil der Laurentides. Durch viele kleine Dörfer kommen Sie nach **Saint-Jovite**, dem Tor zum Mont-Tremblant-Park. Wenn Sie genug von Wasserfällen und bebender Erde haben, bringt Sie der Highway 15 nach **Sainte-Agathe-des-Monts**, über **Sainte-Adèle**, einem Künstlerdorf am Lac Rond, gelangen Sie schließlich nach Montréal.

Entweder Sie fahren über den Highway 148 oder aber am Ottawa-River entlang zurück nach Ottawa. Im Winter ist der **Mont Tremblant** mit seinen rund 70 Pisten ein beliebtes Skirevier, das auch immer mehr von amerikanischen und europäischen Wintersportlern entdeckt wird.

Parc de la Gatineau ■ F 22, S. 119

Er ist das bevorzugte Ausflugsziel der Hauptstädter: Auf 356 qkm bietet der Gatineau-Park dem gestressten Hauptstädter, aber auch den naturverbundenen Urlaubern Ruhe und Erholung. Reiten, Wandern, Angeln, Schwimmen – und im Winter Skilanglauf und kleinere Abfahrten –, der Park lohnt auch einen Kurzbesuch.

Upper Canada Village 👫 ■ F 22, S. 119

Auf dem Highway 31 verlassen Sie Ottawa in südöstlicher Richtung und erreichen nach 100 km **Morrisburg** am St.-Lorenz-Strom. Biegen Sie links auf den Highway 2 ab, um nach weiteren 10 km in das vielleicht schönste historische Dorf Kanadas zu kommen, das Upper Canada Village.

Als der St.-Lorenz-Strom in den fünfziger und sechziger Jahren zur bedeutenden Wasserstraße ausgebaut wurde, mussten ihm zahlreiche Dörfer, die in der Zeit nach 1760 von weißen Siedlern gegründet worden waren, weichen. Doch es gelang glücklicherweise, davon 36 zu »retten«, sie wieder aufzubauen und heute in Form eines »Living Museums« zugänglich zu machen. Schüler- und Studentenermäßigung Mitte Mai–Mitte Okt.

»La belle capitale«, die schöne Hauptstadt, begeistert jeden, der einmal den blühenden Landstrich am St.-Lorenz-Strom bereist hat. Französische Lebensart, die ansteckt.

Québec
■ B 15, S. 114

650 000 Einwohner
Stadtplan → S. 45

Québec liegt auf einem Felsvorsprung am nördlichen Ufer des St.-Lorenz-Stromes und überragt nicht nur die Landschaft im geografischen Sinne, auch ihre Anziehungskraft auf Touristen ist überwältigend. Schließlich hat Québec die einzige noch komplett erhaltene Stadtmauer auf dem nordamerikanischen Kontinent. Die Stadtväter haben schnell verstanden, aus dieser Tatsache Profit zu schlagen, und deklarierten das indianische »Kebec« (Zusammenfluss der Wasser) zur »Wiege des nordamerikanischen Kontinents«.

Dort, wo der St.-Lorenz-Strom mit dem Rivière St-Charles zusammenfließt, gründete Samuel de Champlain im Jahre 1608 sein Fort Québec – der Anfang vom Ende der indianischen Siedlung und der Beginn vieler kriegerischer Auseinandersetzungen um das strategisch wichtige Gebiet am Mündungstrichter des mächtigen St. Lorenz. 1759 eroberten die Briten unter General Wolfe die Festung, die Franzosen nahmen sie sich zurück, bekamen sie aber 1763 im Pariser Frieden wieder aberkannt. Die Engländer mussten allerdings einsehen, dass sowohl die Region als auch die Stadt Québec mehr der französischen Kultur als Britanniens Erbe zuneigten, weswegen 1774 mit dem

Ein Hauch von Montmartre weht durch die Altstadtgassen Québecs.

Gesetz über die »Québec Art« den Québécois Glaubensfreiheit und französische Lebensart zugestanden wurde. Sie hat sich bis heute erhalten, und zu keiner Zeit ist das Streben nach absoluter Unabhängigkeit aus den Köpfen der Québécois verschwunden. Immerhin sprechen 95 Prozent der Stadtbevölkerung Québecs französisch.

Basse-Ville, die »Unterstadt«, beherbergt den Schatz der Stadt, die gut erhaltenen und unter Denkmalschutz stehenden ersten französischen Siedlungshäuser. In der **Haute-Ville**, der »Oberstadt«, dominieren der Regierungssitz und das Nobelhotel **Château Frontenac**, das die Stadt wie eine Burg überragt. Das ganze Jahr über herrscht hier Hochbetrieb: Während der warmen Sommer – Québec liegt etwa auf dem Breitengrad von München – zieht es ebenso viele hierher wie in den schneereichen Wintermonaten, wenn der **Bon Homme Carnaval** gefeiert wird – ein Hauch von Rio am klirrend kalten St.-Lorenz-Strom.

Hotels/andere Unterkünfte

Die Hotels im Vieux-Québec haben es in sich: Zum einen sind sie allesamt wunderschön, aber zum anderen auch sündhaft teuer. Je weiter Sie sich vom Stadtkern entfernen, desto billiger werden die Quartiere.

Appartements
Riendeau   südwestlich ■ a 4
Wer keinen großen Anspruch auf Komfort legt, könnte hier zufriedengestellt werden. Nur zwei Zimmer haben Dusche, sonst Etagendusche. Und morgens gibt es hier das typisch französische Frühstück: Croissants, Café au lait, Butter und Marmelade.
1216, pl. Montcalm; Tel. und Fax 418/529-2484; 11 Zimmer ★

Auberge de la Paix   ■ b 2
Preiswerte Unterkunft in der Altstadt mit Fahrradverleih.
31, rue Couillard; Tel. und Fax 418/694-0735; 56 Betten (2- bis 8-Bett-Zimmer) ★

Centre International de Séjours   ■ b 3
Jugendherberge.
19, rue Ste-Ursule; Tel. 418/694-0755, Fax 418/694-2278; 250 Betten

Château Frontenac   ■ b 3
Wer war nicht schon alles zu Gast im Château: Politgrößen genauso wie Geschäftsleute und Stars aus dem Showgeschäft. Es ist zum Wahrzeichen der Stadt geworden, das 1993 sein 100-jähriges Jubiläum feierte. Das Schlosshotel rühmt sich, Vorreiter in Sachen Umweltschutz zu sein: Schon seit Jahren achtet man im täglichen Hotelbetrieb darauf, ökologisch sinnvoll zu arbeiten. Reservieren! (→ Abbildung, S. 47)
1, rue des Carrières; Tel. 418/692-3861, Fax 418/692-1751; 544 Zimmer und Suiten
★ ★ ★ ★ AmEx DINERS EURO VISA

Le Château de Pierre   ■ b 3
Ein Hotel in romantischer Atmosphäre. Plüschiges Innenleben.
17, av. Ste-Geneviève; Tel. 418/694-0429, Fax 418/694-0153; 40 Zimmer
★ ★ ★ AmEx DINERS EURO VISA

Hôtel Beau-Site   ■ b 3
Wer das Glück hat, hier in der Saison ein Zimmer zu bekommen, wird es so schnell nicht wieder hergeben.
6, av. Laporte; Tel. 418/694-1592, Fax 418/694-1167; 8 Zimmer
★ ★ EURO VISA

Maison Doyon   ■ b 2
Ein Haus ohne viel Schnörkel, vor allem etwas für Jüngere.
109, rue Ste-Anne; Tel. 418/694-1720, Fax 418/694-1164; 19 Zimmer
★ ★ EURO VISA

Spaziergang

Beginnen Sie Ihren Gang in die Geschichte der Stadt auf der **Place d'Armes,** direkt vor dem **Château Frontenac.** Einige Meter links neben dem **Denkmal Samuel de Champlains** führt eine Treppe hinunter nach »Basse-Ville«. Nach einigen Schritten auf der **Côte de la Montagne** liegt das alte **Quartier du Petit-Champlain** vor Ihnen: Hier stehen die ältesten Häuser der ehemaligen französischen Siedlung, und jedes hat heute den Touristen – bei allerdings hohen Preisen – etwas anzubieten. Egal, welchen Weg Sie nun einschlagen, das romantische Viertel mit seinen vielen

kleinen Gassen wird seine Wirkung nicht verfehlen. Die **Place Royale** an der **Rue Dalhousie** ist das Herz des Vieux-Québec mit den ältesten Gemäuern; hier ist im Sommer immer etwas los. Wenn Sie die Rue Dalhousie überqueren, kommen Sie in einen Teil des alten Hafens – von hier aus bietet sich die Postkartenansicht der Stadt mit dem Château Frontenac als Krönung. Nach einigen hundert Metern entlang der Hafenstraße Dalhousie gelangen Sie zum neu gestalteten **Musée de la Civilisation** (→ S. 48).
Dauer: 4 Std. (inkl. Museumsbesuch)

Sehenswertes

Aquarium 👫 südwestlich ■ a 4
Die exotischen Fische und Reptilien – insgesamt 3000 Tiere – sind einen Besuch allemal wert. Aber auch der Ausblick auf die Stadt und den St.-Lorenz-Strom machen das Aquarium zu einem Erlebnis.
1675, av. du Parc (Ste-Foy); tgl. 9–17 Uhr; Eintritt 5 Can$

Basilique Notre-Dame-de-Québec ■ b 2
Die Kirchengemeinde von Notre-Dame zählt zu den ältesten des gesamten Kontinents. 350 Jahre dauerte der Bau der Basilika, die mit zahlreichen Gemälden, faszinierenden Hinterglasmalereien und Skulpturen ausgestattet wurde.
16, rue Buade/Ecke Côte de la Fabrique

Chalmer's Wesley United Church ■ b 3
Ein beeindruckendes Beispiel neogotischer Baukunst des 19. Jh. Sehenswert sind die bunten Glasfenster und die Holzeinlegearbeiten. Im Sommer finden hier regelmäßig Konzerte statt.
78, rue Ste-Ursule

Château Frontenac ■ b 3
Das überwältigende Hotel-Schloss ist das Wahrzeichen der Stadt und auf jeder Postkarte zu sehen. Schon das Äußere mit seinen vielen Türmen und dem grün-schimmernden Kupferdach ist imposant, aber sein Innenleben mit Lobby und Ballsälen fasziniert noch mehr. Von der **Terrasse Dufferin**, benannt nach dem Gouverneur Québecs Lord Dufferin (1872–1878), haben Sie einen wunderschönen Blick auf die Altstadt und den Fluss.

La Citadelle ■ b 4
Südöstlich vom Frontenac, zu erreichen über die **Terrasse Dufferin**, liegt diese sternförmige Festung, 1820 bis 1830 gebaut. Zwar sind hier noch richtige Soldaten, nämlich die des 22. königlichen (britischen) kanadischen Regiments, untergebracht, aber außer touristengerechtem Wachwechsel, Kanonenfeuer und Zapfenstreich haben sie keine Aufgaben mehr. Führungen werden angeboten.
1, Côte de la Citadelle; Eintritt 4 Can$; Studenten- und Kinderermäßigung

Grande Allée ■ a 3–4
Die Straße, die Québec mit dem Cap Rouge verbindet, hat eine geschichtsträchtige Vergangenheit. Zahlreiche Eroberer hielten hier ihre Paraden ab. Heute ist die Grande Allée das Gegenstück zur Champs Elysée, allerdings etwas schmaler und nicht ganz so pompös. Macht nichts, die Québécois sind trotzdem stolz auf sie, denn ähnlich wie in der französischen Hauptstadt finden sie auch hier elegante Boutiquen, gute Restaurants und zahlreiche Cafés.

Hôtel de Ville ■ b 2
Gegenüber der Basilique Notre-Dame liegt das Rathaus: Im Untergeschoss gibt es eine interessante Ausstellung zur Entwicklung Québecs. Davor steht das Standbild von Kardinal Taschereau, der im vorigen Jahrhundert Rektor der Laval-Universität war.
Rue Buade

Oben: Auch wenn ihre Eltern aus den verschiedensten Ländern der Welt kommen: Patriotismus wird schon bei den kleinen Kanadierinnen groß geschrieben.

Mitte: Die schönste Zeit für einen Besuch ist zweifellos der Indian Summer, wenn das Laub der Bäume in den herrlichsten Schattierungen erstrahlt.

Unten: Die Nobelherberge Château Frontenac dominiert die Altstadt (→ S. 44).

Jardin Zoologique
du Québec 👥👥   nordwestlich ■ a 1

Über 1000 Tiere leben in diesem zoologischen Garten, davon sind 250 keine einheimischen. Die Seelöwen-Show ist einen Besuch wert, und Spock, Sophie, Maya und Merlin, die Schimpansenfamilie, freuen sich auch, wenn Sie mal vorbeischauen. Wer dies im Winter tut, kann in Schneeschuhen das Gelände erkunden.

8191, av. du Zoo (Charlesbourg); Tel. 418/622-0312; tgl. 9.30–18 Uhr (Sommer); Eintritt 7.50 Can\$, Studenten- und Kinderermäßigung

Place Royale und Quartier
du Petit-Champlain   ■ c 2–3

Auf der geschichtsträchtigen Place Royale errichtete Samuel de Champlain 1608 das erste Haus der aufstrebenden Siedlung. Kaufmannsleute ließen hier ihre vornehmen zweigeschossigen Steinhäuser errichten, die während der Belagerung durch die Briten Mitte des 18. Jh. fast vollständig zerstört wurden. In den siebziger Jahren wurde die Altstadt aufwendig restauriert, und so herrscht hier heute buntes Touristenleben. Das ganze Quartier, das in den Vieux-Port mündet und den Ursprung Québecs darstellt, ist heute eine Bummelmeile.

Terrasse Dufferin/   ■ b 3–4
Promenade des Gouverneurs

Direkt unterhalb des Château Frontenac verläuft diese aus Holz gebaute Promenade. Bis zu 100 m über dem Fluss führt sie vom Château fast bis zur Zitadelle, und wenn das Wetter klar ist, können Sie von der 600 m langen Terrasse den Seglern auf dem Strom zusehen oder mit einem Fernglas die Ausläufer der Appalachen in den USA suchen.

Vieux-Port   ■ b c 1

Der alte Hafen stammt aus dem 19. Jh. und ist inzwischen zum nationalen Denkmal erklärt worden. Er verdeutlicht auf eindrucksvolle Weise, dass die Geschichte Québecs eng zusammenhängt mit Schiffbau und Handel. Vor allem Holz wird hier auch heute noch vorwiegend nach Europa verschifft. Eine Audio-Video-Show im Centre d'Interpretation führt zurück in die Anfänge der Siedlung.

Museen

Maison Chevalier   ■ c 3

In einem der schönsten und ältesten Häuser der Stadt ist einheimische Kunst untergebracht. Im Sommer wechselnde Ausstellungen.

60, rue du Marché-Champlain; tgl. 9–18 Uhr (Sommer); Eintritt frei

Musée de la Civilisation   ■ c 2

Vergangene, gegenwärtige und zukünftige Aspekte menschlichen Zusammenlebens will dieses Museum verdeutlichen. Faszinierend ist die Ausstellung »Halb wahr, halb unwahr«, wo jeder seiner Fantasie freien Lauf lassen kann. Obwohl große nordamerikanische Unternehmen viele Ausstellungen sponsern, kommt die Problematik des wachsenden Fortschritts nicht zu kurz.

85, rue Dalhousie; Di–So 10–19 Uhr (Sommer); Eintritt 6 Can\$, Studenten- und Kinderermäßigung

Musée du Fort   ■ b 2

Wer sich für die vielen militärischen Auseinandersetzungen in der Entstehungsgeschichte der Stadt interessiert, sollte dem Musée du Fort einen Besuch abstatten. In einer eindrucksvollen Licht- und Tonshow lebt die Vergangenheit wieder auf.

10, rue Ste-Anne; tgl. 10–18 Uhr (Sommer); Eintritt 6 Can\$

Musée du Québec   südwestlich ■ a 4

Skulpturen, Gemälde, Zeichnungen und Gold- und Silberobjekte sind hier zu bewundern. Tatsächlich gilt die

Ausstellung als eine der eindrucksvollsten in ganz Nordamerika. Das Museum befindet sich mitten auf einem ehemaligen Schlachtfeld, wo einer der wesentlichen Kriege zwischen Franzosen und Briten tobte. 1759 wurden hier die Franzosen entscheidend geschlagen.

1, av. Wolfe-Montcalm; Tel. 418/643-2150; tgl. 10–17.45 Uhr (Sommer); Eintritt Erwachsene 6 Can$, Studenten- und Kinderermäßigung

Essen und Trinken

Die französische Lebensart wird am besten beim Essen deutlich. Jedes Restaurant bietet auf der Speisekarte ein oder mehrere Menüs an. Sie können sich natürlich auch Ihr ganz persönliches Diner zusammenstellen, kommen so aber wesentlich teurer weg. Natürlich fordern die Touristenmassen in Québec City ihren kulinarischen Tribut, und nicht jede französisch klingende Speisekarte hält, was die wohlklingenden Namen versprechen, aber mit dem Preis steigt auch die Qualität. Und wenn Sie genügend Zeit mitbringen und auf genießerische Entdeckungsreise gehen wollen, dann verlassen Sie am besten die Stadt und suchen sich außerhalb ein Restaurant, wo **la cuisine française** meisterlich zelebriert wird – davon gibt es nämlich viele.

Aux Anciens Canadiens M ■ b 3

In den alten Gemäuern aus dem Jahre 1675 legt man eher Wert auf traditionsbewusstes und deftiges Essen.

34, rue St-Louis; Tel. 418/692-1627; tgl. 18–24 Uhr ★★★ AmEx EURO VISA

Châlet Suisse ■ b 2

Mitten in der Altstadt gelegen, wählt man hier zwischen Grillspezialitäten und Meeresfrüchten. Auch die Fondues sind vorzüglich.

32, rue Ste-Anne; Tel. 418/694-1320; Mo–So 18–23 Uhr ★★ AmEx EURO VISA

Le Champlain M M ■ b 3

Die Atmosphäre im »Speiseraum« des Château Frontenac ist prächtig, und das Essen passt sich ganz dieser Stimmung an. Natürlich wird französisch gekocht. An manchen Tagen sorgt Silvia an der Harfe für den entsprechenden musikalischen Rahmen, und wäre nicht alles so gediegen, dann könnten Sie nach Conrad fragen, dem zweiten Küchenchef, der vor Jahren das Schwabenland verließ, um in Québec seine endgültige Heimat zu finden. Außerhalb der Sommersaison zaubert er schon mal Gerichte aus der schwäbischen Küche auf den Speiseplan. Achtung: Ohne Jackett bleiben Sie hungrig.

1, rue des Carrières; Tel. 418/692-3861; Reservierung unbedingt erforderlich; tgl. 18–23 Uhr ★★★★ AmEx DINERS EURO VISA

Au Petit Coin
Breton   südwestlich ■ a 3

Wer sie mag, ist hier richtig: Crêpes in allen denkbaren Variationen.

1029, rue St-Jean; Tel. 418/694-0758 ★ EURO VISA

Relais Place d'Armes ■ b 2

Das historische Ambiente bürgt für gemütliche und behagliche Atmosphäre. Auf den Tisch kommen kanadische Spezialitäten.

16, rue Ste-Anne; Tel. 418/694-9063; Reservierung sinnvoll; tgl. 18.30–24 Uhr ★★★ AmEx DINERS EURO VISA

Einkaufen

Besonders im **Quartier du Petit-Champlain** lässt sich vorzüglich bummeln und einkaufen, besonders Souvenirs von Kitsch bis Kunsthandwerk.

Pêle-mêle ■ c 3

Dies ist einer der vielen Souvenirläden in Québec. Besonders zu empfehlen sind die Webarbeiten.

54, bd. Champlain

Place Laurier südwestlich ■ a 4
Dieses große Einkaufszentrum liegt
im Vorort Ste-Foy, 350 Geschäfte und
Boutiquen zum Bummeln.
Bd. Laurier in Ste.-Foy

Place Québec westlich ■ a 3
Kleine Shopping Mall im Herzen der
Stadt mit 75 Geschäften.
5, bd. St.-Cyrille

Pot-en-Ciel ■ c 3
Ein wahrhaft himmlisches Geschäft
mit wunderschönen Keramiken.
27, rue du Petit-Champlain

Vieux-Québec M M M
Boutiquen, Souvenirläden, Galerien
und Restaurants finden Sie hier Haus
an Haus. Es ist eine herrliche Atmosphäre, bei Sonnenschein und Stra-
ßenmusik nach dem Einkauf in einem
der vielen guten Restaurants einen
Lunch zu sich zu nehmen.

Am Abend

Le Bistro südwestlich ■ a 3
In-Diskothek. Vor 23 Uhr brauchen
Sie hier nicht aufzutauchen und
nach 1 Uhr auch nicht mehr, denn

MERIAN-Tipp

Agora Im Herzen des **Vieux-
Port** bietet das Amphithea-
ter 5800 Besuchern Platz und
Gelegenheit, Kultur unter frei-
em Himmel zu genießen. Besucher sollten allerdings der
französischen Sprache mäch-
tig sein, denn im Gegensatz zu
Kinos, die auch schon mal eng-
lischsprachige Filme im Original präsentieren, wird die Kul-
turszene vom Französischen
beherrscht. 120, rue Dalhousie; Tel. 418/692-4540 ■ c 1

vor allem am Wochenende wird dann
wegen Überfüllung geschlossen.
1063, rue St-Jean; Tel. 418/694-9252

**Grand Théâtre
de Québec** südwestlich ■ a 3
Schauspiele, Konzerte, Varietés
stehen auf dem Spielplan. Im Foyer
hängt ein imposantes Gemälde von
Jordi Bonet.
269, bd. St-Cyrille Est; Tel. 418/643-8131

Palais Montcalm ■ a 3
1100 Menschen fasst dieser Konzertsaal, der vor allem im Sommer jeden
Abend eine andere attraktive Auffüh-
rung zu bieten hat. Hier gastieren
auch internationale Showgrößen. Im
Vordergrund stehen aber klassische
Konzerte. Nehmen Sie sich auch Zeit
für die ständige Ausstellung im Foyer,
sie zeigt zeitgenössische Kunst kanadischer Maler und Bildhauer.
995, pl. d'Youville; Tel. 418/691-2399

Resto-Bar Terrasse
Morgens soll es hier das beste Frühstück der Stadt geben, und abends
dreht die Terrassen-Bar auf: Im Keller
geben sich Musikbands die Klinke in
die Hand.
292, route 199; Tel. 418/969-2233

Théâtre du Petit-Champlain ■ c 3
Chansons und Theateraufführungen
in französischer Sprache.
68, rue du Petit-Champlain;
Tel. 418/692-2631

Service

**Auskunft
Tourisme Québec (Stadt)** ■ a 3
60, rue d'Auteuil; Tel. 418/692-2471

**Maison du Tourisme
de Québec** ■ b 2
Hier gibt es telefonisch zusätzliche
Infos über die Provinz Québec.
Tel. 418/873-2015; gebührenfrei:
1-800-363-7777

Bahnhof ■ a 1
450, rue de la Gare-du-Palais;
Tel. 418/524-6452

Busse in die nähere Umgebung und
zu Sightseeing-Tours starten am Bus
Terminal.
225, bd. Charest Est

Medizinische Hilfe
Apotheken haben in der Zeit von 9
bis 21 Uhr geöffnet. Ärztlichen Rat
(auch in Englisch) erhalten Sie unter:
Tel. 418/683-2153

Ziele in der Umgebung

Charlevoix ■ C 15, S. 114

Der nordöstlich von Québec am
St.-Lorenz-Strom gelegene Landstrich heißt Charlevoix und ist etwas
für Naturliebhaber. Nur etwa 32 000
Menschen leben in dieser herb-wil-
den Gegend, die nach einem französischen Jesuitenpater benannt
ist, der den Landstrich als Erster er-
forschte. Mit dem Namen Charlevoix wird heute außer Natur ein
Spektakel verbunden, das nicht un-
umstritten ist: die Walbeobachtung.
Alle, die davon leben, die Bootseig-
ner, das Personal und der Tourismus
allgemein, behaupten, dass man die
Meeressäuger gar nicht störe. Die
anderen, Tier- und Naturschützer,
meinen, man solle die Wale gefälligst
in ihrem natürlichen Lebensraum in
Ruhe lassen. Entscheiden Sie selbst!
Und sollten Sie sich für einen Bootsausflug auf dem riesigen St.-Lorenz-
Strom entschieden haben, dann
müssen Sie sich auf jeden Fall warm
anziehen, denn auch an einem son-
nigen Sommertag kann es auf See
recht kalt werden. Die Ausflüge
starten an den Anlegestellen von
Baie-Sainte-Catherine und **Tadoussac** und kosten zwischen 30 und
50 Can$.

Chute Montmorency
■ C 15, S. 114

Einige Kilometer östlich von Québec,
zwischen Beauport und Boischâtel,
mündet der Fluss **Montmorency** in
den St.-Lorenz-Strom. Doch vorher
muss er eine Klippe überwinden,
und die sorgt dafür, dass man hier
einen beeindruckenden Wasserfall
bewundern kann. Mit 83 m ist der
Montmorency-Wasserfall noch um
knapp 30 m höher, als es die Niagara-Fälle sind. Durchschnittlich stürzen hier 35 000 l pro Sekunde in
die Tiefe, und wenn im Frühjahr die
Schneeschmelze einsetzt, sind es gar
125 000 l/Sek. Es bleibt Ihnen über-
lassen, von wo aus Sie den Wasserfall bestaunen wollen – es geht sowohl von oben als auch von unten.
Zu erreichen über den Highway 360
und die Route 138

Ile d'Orléans ■ C 15, S. 114

Dieses kleine grüne Eiland verdankt
dem Herzog von Orléans seinen Namen, obwohl Jacques Cartier sie einst
die »Insel des Bacchus« nannte, weil
hier wilder Wein wuchs. Fruchtbar ist
die rund 10 km breite und knapp
40 km lange Insel auch heute noch:
Im Juli reifen die Erdbeeren (zum
Selbstpflücken), im August reisen
von überall her die Helfer für die Ge-
treideernte an, und im Herbst schließlich gibt es überreichlich Äpfel und
Birnen. Viele Québécois, die etwas
auf sich halten, haben hier ein Wo-
chenendhaus. Seit 1935 ist die nur
wenige Autominuten flussabwärts
gelegene Insel durch eine Hänge-
brücke mit dem Festland verbunden. Am Wochenende verbringen
die Stadtmenschen ihre Zeit mit
Radfahren und Spazierengehen.
Danach kehren sie garantiert zum
Diner in ein kleines Restaurant in
einem der beschaulichen Insel-
dörfer ein.

Lac Saint-Jean 👫

■ B 14, S. 114

Obwohl er rund 300 km von Québec entfernt ist, zählt er doch zum Naherholungsgebiet der Stadtmenschen. Über die Highways 175 und 169 erreichen Sie geradewegs den fast kreisrunden See und haben eine Fahrt hinter sich, die Ihnen einen nachhaltigen Eindruck von der wilden Schönheit Québecs vermittelte. Gut 30 km misst der See im Durchmesser, und keine touristischen Wünsche bleiben offen: Badestrände, Sportmöglichkeiten, wie Reiten, Wandern und alles, was der Freizeitmensch so braucht, werden angeboten. Wenn Sie am letzten Sonntag im Juli dort sein sollten, erleben Sie ein sportliches Spektakel mit: Einige Dutzend Wasserratten durchschwimmen vom nördlichen Ufer aus nach **Roberval** den See, und wer sich noch fit genug fühlt, schwimmt auch wieder zurück. Am westlichen Seeufer befindet sich ein Wildreservat, das einen Besuch lohnt. Vor allem die Fahrt im Gitterwagen zu den freilaufenden Bären bleibt unvergesslich.

Réserve Faunique des Laurentides 👫

■ BC 15, S. 114

Der Highway 175 führt mitten in das Naturschutzgebiet hinein und dann durch Wälder und Seen vorbei fast 150 km nach Norden. Schon knappe 50 km hinter Québec erreichen Sie den riesigen Park, der zu den ältesten Kanadas gehört. Er ist das Naherholungsgebiet der Québécois: Im Sommer lädt er zu ausgedehnten Wanderungen und Kanufahrten auf einem der 1500 Seen ein, und im Winter ist Skilanglauf, aber auch Abfahrtslauf angesagt, allerdings in eher beschaulichem Rahmen, denn die Berge reichen kaum an die 1000-Meter-Grenze heran. Die Réserve

Faunique umfasst rund 10 000 qkm, und wer den Park näher kennen lernen will, kann unterwegs in einem der vielen Motels übernachten (die meisten sind nur im Sommer geöffnet). Caribous wird er aber vermutlich nicht zu sehen bekommen, denn die vom Aussterben bedrohten und hier besonders gehüteten Tiere sind sehr scheu.

Réserve Faunique de Portneuf

■ B 15, S. 114

Auf den Nationalstraßen 369 und 367 kommt man in nordwestlicher Richtung in einen weiteren grandiosen Naturpark, den von Portneuf. Wälder, Seen und Flüsse auf einer Fläche von 775 qkm. Besonders der berühmte Wasserfall, **Chutes de la Marmite**, ist einen Besuch wert: Die Wasserfälle des Marmite bestehen aus 375 Seitenarmen. Im Sommer ist der Park täglich geöffnet, und da auch Führungen angeboten werden, sollte man sich vorher anmelden: Tel. 418/890-5349.

Sainte-Anne-de-Beaupré

■ C 15, S. 114

Fast zwei Millionen Gläubige pilgern Jahr für Jahr zur Basilika, der Wallfahrtskirche Ste-Anne-de-Beaupré. Schiffbrüchige bauten der hl. Anna an dieser Stelle im frühen 17. Jh. eine Kapelle, die dann – allerdings erst Anfang dieses Jahrhunderts – der heutigen Kirche weichen musste. Besonders die Mosaiken und Buntglasfenster sind bewundernswert. Schon die Fahrt von Québec auf der Landstraße 360, der Avenue Royale, ist ein Erlebnis, gilt sie doch als erste befestigte Straße des Kontinents. Außer der Klosteranlage sollte man die beiden Wasserfälle **Chutes Ste-Anne** und **Sept-Chutes** besuchen und auch eine Wanderung durch das Naturschutzgebiet Cap Tourmente einplanen.

»Ich hab' neues Land gefunden«,

soll der englische Seefahrer John Cabot 1497 ausgerufen haben, als er Neufundland zum ersten Mal sah.

St. John's

■ F 7, S. 111

160 000 Einwohner

St. John's, die »City of Legends«, wie sie sich selbst gern nennt, wurde nach ihm benannt – das sagen die einen. Andere behaupten, die Hauptstadt Neufundlands habe ihren Namen von Johannes dem Täufer. Wie auch immer, fest steht, die östlichste Stadt auf dem Kontinent ist zugleich auch die älteste in ganz Nordamerika – eben eine Stadt der Legenden. Und diese Legenden ranken sich nicht nur um John Cabot, denn die Geschichte der Stadt war seither sehr bewegt: 1583 eroberte Sir Humphrey Gilbert Neufundland für das britische Empire. Mitte des 18. Jh. kämpften die Franzosen erfolglos gegen die Engländer um den strategisch wichtigen Ort, und im Zweiten Weltkrieg schließlich verteidigten die Amerikaner die Stadt und ihr Hinterland erfolgreich gegen deutsche U-Boote.

Die Einwohner St. John's leben heute hauptsächlich vom Fischfang, dem Handel und zunehmend auch vom Tourismus. Einen besonders schönen Blick über den Hafen und die Bucht hat man von der **Basilika St. John-the-Baptist**. Sie ist eines der wenigen historischen Bauwerke, die das fürchterliche Feuer im Juli 1892 überstanden haben. Damals ver-

Der geschützte Naturhafen der östlichsten Stadt Nordamerikas war über Jahrhunderte Garant für den Aufschwung der Stadt. Heute lebt man in St. John's weniger vom Fischfang als vom Handel und Tourismus.

brannte fast die gesamte Stadt, 2000 Familien wurden obdachlos, und das nur, weil ein gewisser Tommy Fitzpatrick seine Pfeife in einem Heuschuppen reinigen musste.

Hotels/andere Unterkünfte

Captain's Quarter M
In den »Kapitänskojen« lässt sich sehr gut nächtigen. Natürlich liegt das Haus direkt am Hafen.
2, Kings Bridge Rd.; Tel. 709/576-7173, Fax 709/738-2002; 24 Zimmer
★ EURO VISA

New Foundland
Das Beste, was St. John's in Sachen Hotel zu bieten hat. Im Juli und August vorher reservieren.
Cavendish Square; Tel. 709/726-4980, Fax 709/726-2025; 292 Zimmer
★ ★ ★ AmEx EURO VISA

Victoria Station Inn
Das alte Haus mit der antiken Einrichtung entging dem großen Feuer im 19. Jh.
290 Duckworth St.; Tel. und Fax 709/722-1290; 86 Zimmer
★ ★ AmEx EURO VISA

Spaziergang

Sie sollten den Spaziergang am **Harbour Drive** beginnen. In nördlicher Richtung überqueren Sie die **Water Street** und gelangen anschließend ins Herz der Stadt, der **Duckworth Street**. Statten Sie dem Neufundland-Museum einen Besuch ab. Von hier aus können Sie schon den **Church Hill** sehen, auf dem die anglikanische Kathedrale **St. John-the-Baptist** thront. Einen schönen Blick über die Stadt hat man von der katholischen Basilika. Man erreicht sie über **Queen's Road** und die **Bonaventure Avenue**. Zurück geht es über Gower, Duckworth und Water Street in Richtung Hafen.

Sehenswertes

Anglican Cathedral of St. John-the-Baptist
1849 legte Sir Gilbert Scott den Grundstein für diese schöne Kathedrale, die als eines der besten Beispiele für die imitierte gotische Architektur in Nordamerika gilt. Sie beherbergt ein silbernes Kommunionsbesteck von König William IV.
Church Hill

Basilica of St. John-the-Baptist
Sie ist der »religiöse Leuchtturm« für die Seefahrer, denn sie thront über der Stadt und dem Hafen. Das Gotteshaus ist aus Steinen gebaut, die aus Irland herübergeschifft wurden.
Military Rd.

Bowring Park
Er ist die grüne Lunge der Stadt, der Bowring Park am westlichen Stadtrand. Besonders eindrucksvoll sind die Statuen. So steht direkt am Haupteingang Peter Pan, der dem Original im Londoner Kensington Garden zum Verwechseln ähnlich sieht. Zwei weitere Bronzen erinnern an den (ruhmreichen) Niedergang des Royal Newfoundland Regiment, eine Caribou-Statue (Symbol des Regiments) und der »kämpfende Neufundländer«, ein Soldat im Kampf und in voller Montur.

Cabot Tower
1897 wurde dieser Turm eingeweiht, und er erinnert an die Entdeckung der Insel 1497. Nachdem Alexander Graham Bell 1876 auf Nova Scotia das Telefon erfunden hatte, wurde der Cabot Tower 1901 auserkoren, die erste telegrafische Nachricht über den Atlantik zu senden.
Signal Hill

Signal Hill National Historic Park
Ein bedeutender Ort, denn hier entschied sich 1762 zum letzten Mal ein Kampf zwischen Briten und Franzo-

sen um die Vorherrschaft auf dem neuen Kontinent – zugunsten der Briten. Kanonen und Paraden zeugen heute von dieser Schlacht. Tolle Aussicht aufs Meer und die Stadt.

Museen

New Foundland Museum
Im Zeitraffer erlebt man hier die wechselvolle Geschichte Neufundlands und Labradors der vergangenen 9000 Jahre. Sowohl die Sammlung mit Kunst- und Gebrauchsgegenständen von Indianern und Inuit als auch die Ausstellung aus der Zeit der Besiedlung durch europäische Einwanderer ist eindrucksvoll.
285 Duckworth St.; Mo–Fr 9–16.45, Do 9–20.45, Sa und So 10–17.45 Uhr; Eintritt frei

New Foundland Museum at the Murray Premises
In diesem schönen Hafengebäude entdecken Sie die jüngere maritime Geschichte der Stadt.
Beck's Cove, Water St.; Mo–Fr 9–16.45, Sa und So 10–17.45 Uhr; Eintritt frei

Essen und Trinken

Biarritz on the Square
Nicht ganz so edel wie das Vorbild im französischen Nobelseebad, aber das Essen kann sich sehen lassen.
188 Duckworth St.; Tel. 709/726-9040; Reservierung am Wochenende
★ ★ EURO VISA

Classic Café
Bekannt und beliebt für raffinierte Muschelgerichte. Aber auch die hausgemachten Kuchen sind einen Abstecher wert.
364 Duckworth St.; Tel. 709/579-4444
★ AmEx DINERS VISA

Flake House M
Gute Fischgerichte in angenehmer Atmosphäre.
16 Barrows Rd.; Tel. 709/576-7518 ★ ★

House of Haynes
Traditionelle neufundländische Küche.
207 Kenmount Rd.; Tel. 709/754-4937
★ EURO VISA

Einkaufen

Neufundland ist berühmt für seine Stricksachen. Boutiquen und Souvenirläden findet man in der Water und Duckworth Street.

Blue Moon Pottery
Wenn Sie Getöpfertes lieben, dann werden Sie hier einen längeren Aufenthalt einplanen müssen: Nichts stammt von Maschinen, alles ist handgemacht.
65 Signal Hill; Di–Sa

Im kalten Atlantik wächst der Hummer nur langsam. Er gilt daher als der beste der Welt. An der Küste findet man Hummer auf jeder Speisekarte, und das zu erstaunlich günstigen Preisen.

In der Beliebtheitsskala der sportbegeisterten Kanadier stehen Golf und Baseball ganz oben. Aber auch Tennisplätze gibt es auf vielen Campingplätzen oder neben Hotels und Motels. Geangelt wird überall, und Segeln, Tauchen und Windsurfen sorgen für viel Fun im Sommer. Im Winter sind neben dem Skilaufen Ausflugsfahrten mit dem Snowmobil angesagt.

Outdoor-Land Kanada: Hier kann man schnell zum Sportfan werden, denn sommers wie winters spielt sich das Leben nach Möglichkeit im Freien ab.

Kanufahren und Wandern wird vor allem in den zahlreichen National- und Provinzparks angeboten, und wenn Sie bisher dachten, dass Wandern kein Sport sei, dann werden Sie auf so manchem anstrengenden Trail eines Besseren belehrt.

Ein Sporterlebnis anderer Art ist das Zuschauen. Ein Baseballspiel im **Sky Dome** von Toronto zum Beispiel werden Sie so schnell nicht wieder vergessen (die Regeln sind nicht so wichtig, auf die Atmosphäre kommt es an). Daneben zählt die National-Hockey-League zu den besten der Welt; viele der hochdotierten kanadischen Eishockeystars wandern zu den noch besser bezahlenden US-Proficlubs ab.

Angeln

Wer noch nie geangelt hat, könnte in Kanada Gefallen an diesem Zeitvertreib finden. Keine Küste, kein See, kein Fluss, wo man nicht auf friedlich-fischende Sports-

freunde trifft. Lachs, Forelle und Hecht sind die begehrtesten Fische. Man braucht Genehmigungen, die von den Tourist Offices bzw. den Provinzverwaltungen ausgestellt werden. Wer in den Nationalparks sein Glück versuchen will, muss eine zusätzliche Lizenz kaufen, die dann für alle Nationalparks gültig ist. Wer auf dem offenen Meer sein Glück versucht, braucht dafür keine Genehmigung.

Informationen erhält man in allen Parkverwaltungen und den Tourist Offices der Städte und Ortschaften.

Baseball 🏃🏻

Wenn 60 000 Fans im Sky Dome von Toronto jeden gelungenen Schlag der Blue Jays bejubeln, fasziniert einen mehr die Atmosphäre als das Spiel selbst.
Informationen über Spieltermine und Mannschaften:

Im Algonquin Provincial Park kann man herrliche Kanutouren unternehmen (→ S. 70, 80).

National Baseball Institute
c/o 1367 W. Broadway, Vancouver, BC/Canada, V6H 4A9

Golf

Golf ist in Kanada ein Volkssport. Anders als in heimischen Gefilden können Sie hier zwanglos Ihren ersten Schlag üben. Man braucht kein Handicap, also eine Art Spielberechtigung, und die **Green Fee,** die Eintrittskarte, kostet zwischen 10 und 50 Can$.
Royal Canadian Golf Association   ■ C 23, S. 118
Golf House, Oakville, Ontario L6J 4Z3

Hockey

Hockey ist ein Volkssport in Kanada, denn sobald Seen und Flüsse zugefroren sind, greifen Väter und Jungen zu Schlittschuhen und Stöcken. Die Live-Atmosphäre in den meist prall gefüllten Stadien ist das Eintrittsgeld wert.
National Hockey League
             ■ b 4–5, Klappe hinten
1155 Rue Metcalfe, Montréal, Québec/Canada H3B 2W2

Kanusport 🏃🏻

Viele Gegenden in Kanada kann man nur zu Fuß oder in guter alter Trappermanier mit dem Kanu erreichen. Die schönsten Bäche, Flüsse und Seen liegen in den Parks, deren Verwaltungen auch Boote vermieten.
Canadian Canoe Association
             ■ F 22, S. 119
1600 James Naismith Dr., Gloucester, Ontario K1B 5N4

Mountainbiking

Auch in Kanada erfreut sich das Mountainbiking immer größerer Beliebtheit. Vor allem das Bergland von Québec und die Laurentides bieten

Fahrradfreaks optimale Bedingungen. Sie sollten jedoch auf den markierten Strecken bleiben, andernfalls riskieren Sie hohe Geldbußen. In manchen Regionen, wo auch Wintersport möglich ist, werden die Lifte, die im Winter die Skiläufer auf die Berge bringen, für den schnellen Transport der Mountainbiker bergauf eingesetzt.

Auskunft über Fahrradverleih, Streckenmaterial und Tourenhinweise mit Übernachtungsmöglichkeiten:

Canadian Cycling Association
■ F 22, S. 119

1600 James Naismith Dr.,
Gloucester, Ontario/Canada
K1B 5N4

Sport ja geradezu ideal sein ... Bis auf die Prärieprovinzen bietet jedes kanadische Bundesland ausreichend Möglichkeiten für Skihasen, ob Langlauf oder Abfahrt. Während in den Pazifikprovinzen der alpine Sport vorherrscht, werden in den östlichen Provinzen vornehmlich die Loipen gespurt. Außer im bergreichen Québec, hier gibt es östlich von Québec City einige Bergregionen mit einigermaßen anspruchsvollen Pisten. Zum Langlauf bietet sich Ontario an.

Canadian Ski Association
■ F 22, S. 119

1600 James Naismith Dr.,
Gloucester, Ontario/Canada
K1B 5N4

Skilaufen

Wenn es stimmt, dass es in Kanada nur zwei Jahreszeiten gibt, den Winter und den Juli, dann müssen die Voraussetzungen für den weißen

Snowmobil

Schon seit Jahren der Winterfun in ganz Kanada. Es gibt Clubs, die Touren von 600 km unternehmen und dabei natürlich tagelang unterwegs

Eine Snowmobil-Tour durch die weite Landschaft Kanadas ist ein unvergessliches Urlaubs-Highlight.

sind. So ist die Strecke von Parry Sound am Lake Huron bis nach Québec City sehr beliebt. Aber wie immer hat auch diese Medaille zwei Seiten, denn die PS-starken Schneeschlitten machen einen solchen Lärm, dass sich viele in ihrer winterlichen Ruhe gestört fühlen. Die Folge: Man weicht mit den Schlitten in menschenleere Gegenden aus und hat die Natur für sich. Snowmobilfahren ist ein Erlebnis der ganz besonderen Art. Infos über Mietmöglichkeiten und Touren **Canadian Council of Snow Mobil Organization** ■ C 23, S. 118 98 Marshall Street, Barrie, Ontario/Canada, L4N 4L5

Wandern

Wandern können Sie in jedem Provinz- und Nationalpark, aber bitte nur auf den markierten Wegen. Je länger Sie unterwegs sein wollen,

desto besser muss Ihr Trip geplant sein; die Büros der Parkverwaltungen helfen Ihnen dabei. Hier erhalten Sie auch Informationen, was zu tun ist, wenn ein Bär mit Ihnen Freundschaft schließen will ...

Windsurfen

Überall dort, wo Urlauberdomizile an den fünf großen Seen entstanden sind, haben sich auch Surfclubs angesiedelt. Beliebt ist dieser Sport auch in der Bay of Fundy und rund um Prince Edward Island. Wer hingegen vor Neufundland oder der Ostküste Nova Scotias aufs Brett will, muss ein Könner sein ...

Strände 👫

Für einen Badeurlaub sind die kanadischen Ostprovinzen denkbar ungeeignet. Die Küsten Neufundlands sind steil und steinig, und die raue und kalte See lässt einen bald auf andere Gedanken kommen. Nova Scotias Ostküste ist vergleichbar, allerdings gibt es hier einige Sandbuchten, in die man aber nur zu Fuß oder per Boot gelangt. Sand- und Kieselstrände wechseln sich in der klimatisch günstigen **Bay of Fundy** und auf Prince Edward Island ab. Aber die besten Strände bieten die Iles-de-la Madelaine, die östlichen Eilande der Provinz Québec. Die rauen Klippen wechseln sich mit 200 Kilometern feinsten Sandstränden ab, und der Golfstrom gibt sein Bestes, um das Wasser in Badetemperatur zu bringen. Die Zahl der Sonnentage liegt weit über dem kanadischen Durchschnitt; für die Kanadier sind die »Madelaines« ihre Karibik vor der Haustür. An den fünf großen Seen gibt es überall Bademöglichkeiten, und **Wasaga Beach** am Südufer der Georgian Bay rühmt sich, den längsten Sandstrand an einem Süßwassersee zu besitzen.

Mallard Cottage

Sie sei, so sagen die Besitzer, die älteste Hütte in ganz Nordamerika. Heute beherbergt das alte Häuschen jedenfalls eine wunderschöne Münzsammlung und viel Trödel.
2 Barrows Rd., in Quidi Vidi

Am Abend

Eine bunte Mischung aus billigen amerikanischen Lunch- und Steakhäusern, feinen Restaurants in französischem Stil und Pubs in bester englischer Tradition findet man in Hafennähe und in der Duckworth Street.

Caddy's Rock, Roll & Remember

Tanzhungrige können das Tanzbein schwingen, aber auch wer nur Lust auf ein frisches Bier hat, ist hier richtig.
342 Water St.

Decca Dance

Die Diskothek zum Abhotten ...
216 Water St.

Duke of Duckworth

Einer der schönsten Pubs in town.
325 Duckworth St.

MERIAN-Tipp

Cape St. Mary's Bird Sanctuary 👥👥 Diese Vogelkolonie ist schon einen ganzen Tagesausflug wert, denn sie ist rund 200 km südwestlich von St. John's entfernt. Hier liegt die zweitgrößte Brutstätte für Tölpel auf dem nordamerikanischen Kontinent. Hobbyfotografen werden ihre Freude an dem Naturschauspiel haben, allerdings sind Vorschriften zum Schutz der Vögel, vor allem während der Brutzeit, strikt einzuhalten. ■ F 8, S. 111

Service

Auskunft
City of St. John's
Economic and Tourism Development
Tel. 709/576-8106/8455, Fax 709/576-8246; im Sommer durchgehend geöffnet

Bahnhof Water St. West

Bootsfahrten
Gatherall's Sanctuary Boat Charters
North Side Rd.; Tel. 709/334-2887

Krankenhaus
General Hospital
Tel. 709/739-6300

Ziele in der Umgebung

Cape Spear National Historic Park ■ F 7, S. 113

Nach 30 km erreichen Sie in südlicher Richtung auf der Route 11 den Park, der seinen Ursprung im Jahre 1835 hat. Damals wurde nämlich der Leuchtturm gebaut, und er ist somit der älteste und gleichzeitig östlichste auf dem gesamten Kontinent. Bis 1955 leitete der Lichtstrahl des hölzernen Gebäudes die Seefahrer zur Küste, heute ist ein Museum darin untergebracht. Von hier aus liegt Irland näher als zum Beispiel die Lake of the Woods in Ontario – und das ist im mittleren Kanada ...

C. A. Pippy Park 👥👥
■ F 7, S. 113

Wandern, Golfen, Bootfahren – der Park mit dem witzigen Namen am Nordrand der Stadt lohnt sich aber vor allem für Familien mit Kindern: Auf einer Tierfarm leben vorwiegend einheimische Tiere nicht hinter Gittern oder in Käfigen, sondern in ihren natürlichen Lebensräumen.

»Tarantua« – Treffpunkt: So nannten die Indianer einst diesen Ort, an dem sie ihre Zusammenkünfte abhielten. Heute leben hier Menschen aus aller Welt.

Toronto   ■ D 23, S. 119

3 000 000 Einwohner
Stadtplan → S. 64/65

Aus diesem Indianertreff Tarantua ist eine Millionen-Metropole geworden, die dem rivalisierenden Montréal wirtschaftlich längst den Rang abgelaufen hat. Toronto ist vergleichbar mit US-amerikanischen Großstädten, sowohl was die tägliche Hektik auf den Straßen als auch architektonische Gesichtspunkte angeht; die Skyline Torontos kann es spielend mit jeder einer weiter südlich gelegenen nordamerikanischen Stadt aufnehmen.

Nach den Indianern waren es französische Pelzhändler im 17. Jh., die den Treffpunkt am Ontario-See für ihre Geschäfte nutzen wollten. Das taten sie auch recht erfolgreich, bis der britische Gouverneur Simcoe auf die Idee kam, aus dem wirtschaftlichen Umschlagplatz ein Fort zu bauen – der Anfang vom Aufstieg der Stadt. Die Yonge Street ist heute wie damals ihre Schlagader. Gedacht als Nachschublinie – ihre Verlängerung reicht mehr als 1000 km ins Hinterland –, spielt sich heute das wirtschaftliche und kulturelle Leben hauptsächlich entlang dieser Straße ab. Sie endet am Ontario-See und führt fast noch hinüber zu den Toronto Islands, eine Erholungsoase für die Städter. Nicht weit davon, auf einer Halbinsel gelegen, entstand einer der größten Vergnügungsparks Kanadas, der Ontario Place.

Wo es wirtschaftlich floriert, mögen sich vor allem Chinesen gesagt haben, »da lass dich fröhlich nieder«. Nördlich und westlich der Queen Street sind sie in ihrem unvergleichlichen Chinatown zu Hause. Toronto ist stolz darauf, kosmopolitischer Marktplatz zu sein: Italiener, Griechen und Portugiesen zog es hierher, genauso wie Osteuropäer und Deutsche. Sie alle haben der Stadt ein Stück ihrer Kultur mitgebracht, die in Restaurants und Geschäften zu erleben ist.

Aber trotz dieser bunten multikulturellen Vielfalt gilt Toronto als »sicheres Pflaster« – **the good**, die Gute, wird sie genannt –, und darin unterscheidet sie sich dann doch etwas von anderen amerikanischen Städten.

Hotels/andere Unterkünfte

Infos gibt es über die
Accomodation Toronto, Hotel Association;
Tel. 416/629-3800

Bond Place Hotel   ■ e 3
Zentral gelegen und stilvoll eingerichtet. Das Gartencafé gilt sogar unter Einheimischen als Geheimtipp.
65 Dundas St. East; Tel. 416/362-6061,
Fax 416/3606406; U-Bahn: Dundas;
285 Zimmer ★★★ AmEx EURO VISA

Royal York Hotel   ■ e 5
Stilvolles Hotel mitten in Downtown. Deutscher Chefkoch.
100 Front St. West; Tel. 416/368-2511,
Fax 416/3682884; U-Bahn: Union;
1600 Betten ★★★★
AmEx DINERS EURO VISA

Sky Dome Hotel ■ d 5
Neues, ausgezeichnetes Hotel direkt am Sky Dome. Von einigen Zimmern aus kann man direkt die Veranstaltungen im Sky Dome mitverfolgen – natürlich nur gegen Aufpreis.
45 Peter St. South; Tel. 416/360-7100, Fax 416/3415091; U-Bahn: Union; 348 Zimmer ★ ★ ★ AmEx DINERS EURO VISA

Strathcona Hotel ■ e 4–5
Renoviertes Hotel, zentral in Downtown.
60 York St.; Tel. 416/363-3321, Fax 416/363-9631; U-Bahn: Union; 350 Betten ★ ★ DINERS EURO VISA

Toronto International Hostel ■ f 3
Torontos Jugendherberge.
223 Church St.; Tel. 416/368-1848, Fax 416/3686499; U-Bahn: Dundas; 100 Betten

Spaziergang

Der Spaziergang führt Sie durch Downtown Toronto, dem Herzen der Stadt. Er beginnt am **Sky Dome** und **CN Tower** und führt weiter über die Front Street Richtung Osten auf die Yonge Street. Hier treffen Sie auf zwei der renommiertesten kanadischen Kaufhausketten, das **Eaton Centre** (→ S. 66) und das **Simpson's**. Ein Bummel durch das Eaton lohnt alleine schon wegen der gewagten Konstruktion aus Glas und Stahl.
An der Queen Street biegen Sie links ab und gelangen dann zur **City Hall**, dem Rathaus. Nach langem Streit haben die Torontoer das Gebäude nun als etwas Besonderes akzeptiert und den großzügigen Vorplatz **Nathan Phillips Square** zum

Das »Auge der Regierung«: Zwei Türme im Halbkreis umschließen den gewölbten Mittelbau mit dem Ratssaal. Dieses gewagte Architekturkonzept der City Hall war lange umstritten (→ S. 66).

Mittelpunkt des städtischen Treibens erklärt; wenn im Winter das Wasser im Bassin zugefroren ist, wird darauf Schlittschuh gelaufen. Im Sommer kann es passieren, dass ganze Straßenzüge gesperrt sind, weil wieder gerade ein Film gedreht wird. Toronto gilt als unkomplizierte »Location«. In nördlicher Richtung stößt die University Avenue auf die Dundas Street, in die Sie nach links abbiegen. Bevor Sie nach **Chinatown** kommen, sollten Sie einen Abstecher in die **Art Gallery of Ontario** machen; sie gilt als eine mit einheimischen Malern am besten bestückte Galerie und befindet sich in einem schönen Haus des frühen 19. Jh. Hier sind Sie auch schon fast mittendrin in Chinatown, wie Sie unschwer an den Reklameschildern und den Gerüchen merken werden. Sie sollten Ihren Spaziergang so planen, dass Sie hier in einem der unzähligen China-Restaurants zum Lunch oder Dinner eine vorzügliche Peking-Ente essen können.
Dauer: ca. 3 Stunden

Sehenswertes

Casa Loma nördlich ■ d 1
Es wirkt irgendwie deplatziert, dieses im Renaissancestil gebaute Schloss. Sir Henry Pellatt ließ es zwischen 1905 und 1911 für dreieinhalb Millionen Dollar bauen, weil er erstens als Geschäftsmann steinreich war und zweitens mittelalterliche Schlösser über alles liebte. Aus der ganzen Welt ließ er die Materialien für sein Vorhaben nach Toronto kommen, und so entstand eine Festung mit Türmen und Zinnen. Sie hat 98 Zimmer mit 36 marmornen Bädern und einen 800 feet langen Tunnel vom Weinkeller bis zu den Ställen. Casa Loma ist heute als Museum eingerichtet (mit deutschsprachiger Führung, tgl. 10–16 Uhr).
1 Austin Terrance, nahe Spadina Ave.; U-Bahn: Dupont

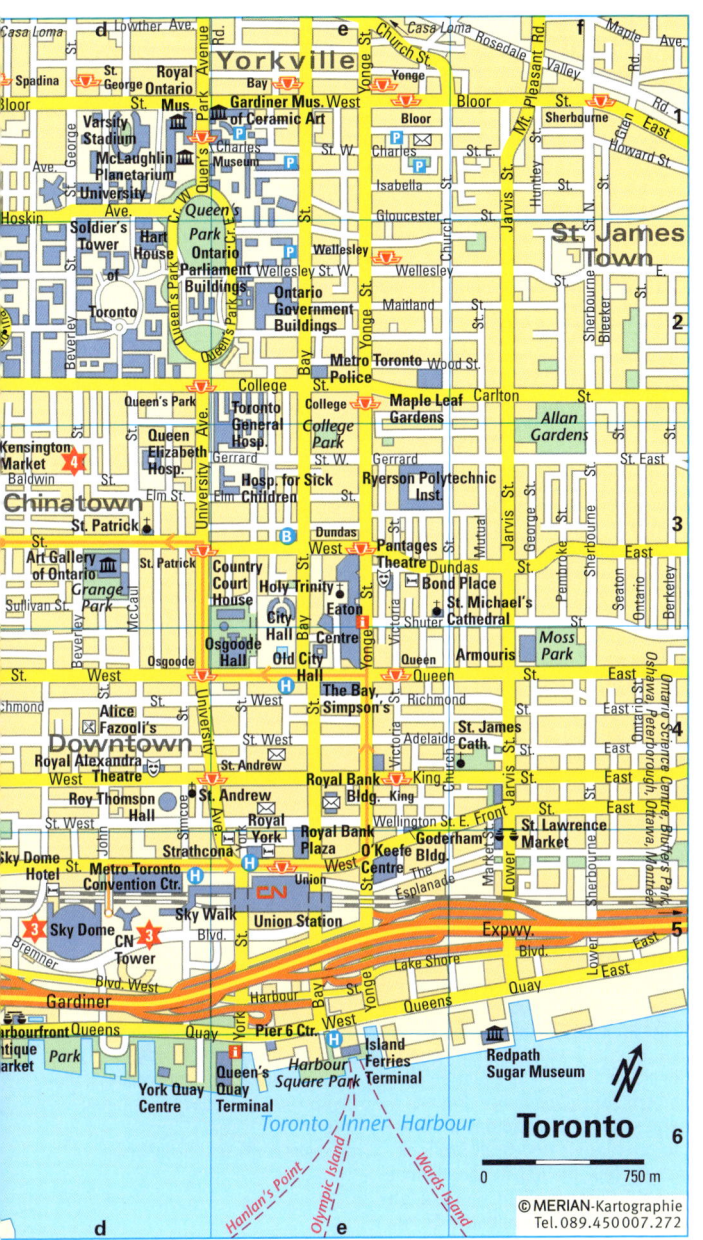

Chinatown ■ c d 3

Sie kommen nach wie vor in Scharen, um in Kanada ihr Glück zu suchen – die Chinesen, die in Toronto mit Abstand den höchsten Anteil der ausländischen Bewohner ausmachen. Da es hier keine Ladenschlusszeiten gibt, ist das Viertel auch nachts belebt, und selbst weit nach Mitternacht dringt aus einigen Restaurants noch ein ganz besonderer Duft.
Entlang der Dundas St. West;
U-Bahn: St. Patrick

City Hall ■ e 3

Ein Finne namens Viljo Revell gab den Bürgern Torontos 1965 mit dem neuen Rathaus einen Stein des Anstoßes. Damals tobten harte Auseinandersetzungen um das eigenwillige Zwei-Türme-Bauwerk, heute haben es alle als zukunftsweisende Architektur akzeptiert. Im Sommer dient der Vorplatz als Forum für junge Musiker, und im Winter bevölkern Eiskunstläufer den künstlich auf dem Vorplatz angelegten See.
Queen St. West/Ecke Bay St.;
U-Bahn: Dundas

CN Tower 👫 ■ d 5

553,35 m ist er hoch, der 1976 fertiggestellte Antennenturm, der Funk- und Fernsehprogramme übermittelt. Es ist das höchste freistehende Bauwerk der Welt – es gibt zwar noch höhere, aber die haben Halterungen. In 354 m befindet sich ein Drehrestaurant und in 447 m eine Aussichtskanzel. Bei schönem Wetter sehen Sie die Gischt der Niagarafälle. Nachdem Sie mit 365,75 m pro Minute ins höchste Restaurant der Erde »katapultiert« worden sind, könnten Sie sich in anderthalb Stunden einmal um die eigene Achse drehen, denn so lange braucht das Drehrestaurant für eine 360-Grad-Drehung. Haben Sie keine Angst, vor allem bei einem Gewitter auf den Turm zu fahren – das Erlebnis lohnt sich: Es kann

nämlich passieren, dass die Gewitterwolken unter Ihnen sind und Sie die Blitze von oben sehen.
Verpassen Sie nicht den Gang übers Glas. Einige Meter unter dem Drehrestaurant hat man einen gläsernen Boden installiert – d. h. in ca. 360 m Höhe haben Sie nichts unter sich außer Glas.
U-Bahn: Union

Old Fort York ■ b c 5

1793 ließ Gouverneur Simone dieses Fort als Befestigungsanlage der jungen Siedlung bauen. 1813 zerstörten amerikanische Truppen die Anlage, die danach wieder aufgebaut wurde. Seit 1934 ist Fort York ein Museum, und im Sommer schlüpfen Studenten in die alten Uniformen.
Garrison Rd./Fleet St.;
tgl. 9.30–19 Uhr (Sommer)

Ontario Place 👫 ■ a b 6

Ein Vergügungspark der besonderen Art. Nehmen Sie sich Zeit, vor allem mit Kindern.
955 Lake Shore Blvd. West;
tgl. Mitte Mai–Okt.; Eintritt 10 Can$,
Kinderermäßigung

Sky Dome ■ d 5

Am Fuß des CN Towers liegt die Arena mit beweglicher Kuppel für Musik- und Sportveranstaltungen. Es dauerte mehr als 20 Jahre, bis Torontos Stadtväter endlich eine Antwort auf das Olympiastadion Montréals gefunden hatten. Mit dem 1989 eingeweihten Sky Dome hat Toronto, haben aber vor allem die »Blue Jays« im Baseball und die »Argos« im Football die Nase vorn – lassen Sie sich die Gelegenheit nicht entgehen, die unvergleichliche Atmosphäre in dieser 60 000 Menschen fassenden Arena zu erleben.
301 Front St. West; U-Bahn: Union

Toronto Islands 👤👤   südlich ■ e 6
Von hier aus haben Sie einen herrlichen Blick auf die Skyline der Stadt. Und Zeit zur Entspannung bieten die Inseln im Ontario-See auch.
Fähren legen vom Ferry Terminal am Queen's Quay East ab; U-Bahn: Union

Museen

Art Gallery of Ontario   ■ d 3
Eine reiche Familie aus Neuengland ließ zu Beginn des 19. Jh. dieses schöne Haus bauen. Heute beherbergt es mit rund 600 Werken die größte zusammenhängende Ausstellung des englischen Bildhauers Henry Moore. Beeindruckend ist auch die Sammlung von kanadischen Malern.
317 Dundas St. West; U-Bahn: St. Patrick; Di–So 11–17.30, Mi bis 21 Uhr

**Gardiner Museum of
Ceramic Art**   ■ e 1
George Gardiner und seine Frau waren begeisterte Kunstsammler, ihre Vorliebe galt vor allem der Töpferware aus Süd- und Mittelamerika. So haben sich im Laufe der Zeit Kunst- und Gebrauchsgegenstände bei den Gardiners angesammelt, die bis in die Tage der Inkas zurückreichen. Aber auch wertvolles europäisches Porzellan aus bekannten Manufakturen (Meißen) ist ausgestellt.
111 Queen's Park; U-Bahn: Museum; Eintritt 6,50 Can$

McLaughlin Planetarium 👤👤   ■ d 1
Das »Sternenmuseum« legt besonderen Wert auf audiovisuelle Betrachtungsweisen: Sie können sich entweder einem Laserkonzert hingeben oder in einer Projektionsshow unserem Sternenhimmel ein Stückchen näher rücken.
100 Queen's Park, in der Nähe des Royal Ontario Museums; Di–So 9.30–17.30 Uhr; U-Bahn: Museum

**Ontario Science
Centre** 👤👤   nordöstlich ■ f 5
Keine Wissenschaft, die sich hier nicht hautnah präsentiert. Apropos hautnah: Wenn Sie die 500 000 Volt-Kugel berühren, stehen Ihnen nicht nur sprichwörtlich die Haare zu Berge, sondern tatsächlich. Oder simulieren Sie eine Landung auf dem Mond – die Möglichkeiten, sich den Wissenschaften durch »Selbsterfahrung«, also Experimenten, zu nähern, scheinen unbegrenzt; es gibt mehr als 500 Ausstellungen und Experimente. Tipp: Gehen Sie früh hin und meiden Sie Wochenenden!
10 km nordöstlich v. Downtown, 770 Don Mills Rd.; tgl. 10–18 Uhr, am 25. Dez. geschl.; U-Bahn bis Eglinton, dann Buslinie Eglinton in östlicher Richtung (East) nehmen, Ecke Don Mills Road aussteigen; Eintritt 7,50 Can$, Studenten- und Kinderermäßigung

Royal Ontario Museum   ■ d 1
Dieses größte kanadische Museum beherbergt die umfangreichste Sammlung chinesischer Kultur außerhalb Chinas: Die Stücke reichen zurück bis zur Bronzezeit. Daneben ist auch die naturwissenschaftliche Sammlung interessant, die den Ab-

MERIAN-Tipp

Alice Fazooli's In-Kneipe mit Stil. Aus einer ehemaligen Autowerkstatt wurde ein witziger Treff für junge Leute und Studenten, aber auch Erfolgreiche in Sachen Business. Spezialität: Bruschetta-Bread – ein Tomatensandwich mit Knoblauch. Am Wochenende reservieren! 294 Adelaide St. West; Tel. 416/979-1910; U-Bahn: St. Andrew ★★ AmEx DINERS EURO VISA   ■ d 4

lauf der Menschheitsgeschichte verdeutlicht.
100 Queen's Park; U-Bahn: Museum; tgl. 10–18 Uhr

Essen und Trinken

La Cage ■ e 3–4
Dinner plus Theater vom Feinsten.
279, Yonge Street; Tel. 416/364-5200;
U-Bahn: Queen ★ ★ AmEx EURO VISA

Chinese Palace ■ e 3
Eines dieser unzähligen chinesischen Lokale in Chinatown, wo Sie auf fernöstliche Weise verwöhnt werden.
150 Dundas St. West; Tel. 416/977-3751;
U-Bahn: St. Patrick ★ ★ EURO VISA

Loose Moose ■ d 4
Fisch, Barbecue und Pasta sind die Spezialitäten. Besonders zu empfehlen: Yukon Surprise, ein Beef Stroganoff auf Pasta.
220 Adelaide St. West; Tel. 416/971-5252;
U-Bahn: St. Andrew; Sa reservieren!
★ ★ EURO VISA

Old Fish Market M ■ f 4–5
Ein Muss für jeden Fischliebhaber ist dieses restaurierte Lagergebäude im St. Lawrence Market. Lecker sind neben den eingeflogenen Atlantikfischen auch die aus dem Ontario-See.
12 Market St.; Tel. 416/363-0334;
U-Bahn: Union; Mo geschl.
★ ★ EURO VISA

Trattoria Giancarlo ■ b 2
Italienische Küche mit Pfiff.
41–43 Clinton St.; Tel. 416/533-9619;
Di–Fr 12–14.30 und 18–23 Uhr
★ EURO VISA

Einkaufen

Eaton Centre M ■ e 3–4
Besonders beeindruckend ist dieses riesige Einkaufszentrum wegen seiner Konstruktion aus Stahl und Glas. Bei Sonnenschein ist es ein ganz

besonderes Vergnügen, hier zu bummeln. Über eine Brücke gelangen Sie ins Einkaufszentrum Bay.
Yonge St./Ecke Queen St. West;
U-Bahn: Queen

Kensington Market ■ c 3
Vom Frischobst bis zur kompletten Wohnungseinrichtung bietet dieser bunte Straßenmarkt alles. Vor allem Italiener, Portugiesen und jüdische Händler haben sich hier niedergelassen.
Kensington Ave., zwischen Baldwin St. und St. Andrews St.; U-Bahn: St. Patrick; Mo–Sa 7–19 Uhr

Underground Toronto ■ e 3–5
Hier bekommt man das, was man zum Leben braucht – ohne auch nur einmal an der frischen Luft gewesen zu sein. Das schier endlos scheinende Netz von Gängen und Passagen führt sowohl in die großen Kaufhäuser als auch in alle Büros des Central Business District.
Zwischen Hauptbahnhof und Dundas St.

Yorkville ■ e 1
Antiquitätenläden, Boutiquen und Restaurants machen dieses Nobelviertel so reizvoll. Wer hier wohnt, muss gut verdienen.
Zwischen Yonge St. und Ave. Rd.;
U-Bahn: Bloor-Yonge

Am Abend

Für Gäste mit weniger prall gefülltem Portemonnaie lohnt sich ein Weg ins Tourist Office und die Frage nach PWYC – »Pay what you can«. Hier erhält man Auskunft über erschwingliche Kulturereignisse.

Amsterdam Brassery and Brew Pub ■ d 4
Hier trinkt man noch selbst gebrautes Bier – allerdings nicht nach gut deutschem Reinheitsgebot.
133 John St.; U-Bahn: St. Andrew

Oben: Im Château von Brantford ist ein Militärmuseum
untergebracht (→ S. 73).

Mitte: Im Waterloo County (→ S. 73)
leben viele Mennoniten, die bis
heute ihre traditionelle Lebens-
weise pflegen. Ihre Vorfahren
stammen aus der Pfalz.

Unten: Das höchste freistehende Bauwerk der Welt ist der
CN Tower in Toronto. Von hier
oben kann man sogar die Gischt
der Niagarafälle sehen (→ S. 66).

Der Eindruck, dass Kanada ein kinderfreundliches Land ist, wird zum Beispiel dadurch bestätigt, dass jede größere Stadt einen Vergnügungspark besitzt. Aber auch die Organisatoren der Sehenswürdigkeiten und Museen haben sich der Kinder angenommen, indem sie zum Einen ihr Angebot entsprechend »lebendig« präsentieren und zum Anderen den Kleinen bis zu zwölf Jahren freien Eintritt gewähren.

Museums«, in denen Studenten und Laiendarsteller das Leben ihrer Vorfahren nachspielen. Fragen Sie am »Entrance«, ob es einen Deutsch sprechenden Führer oder Studenten gibt, der vielleicht Deutsch studiert und Ihnen und Ihren Kindern (gegen ein ordentliches Trinkgeld, versteht sich) das Museum zeigt.

In Hotels und Motels werden problemlos gegen Aufpreis Kinderbetten ins Zimmer gestellt.

Freier Eintritt in Museen, Vergnügungsparks mit vielen tollen Attraktionen, aufregende Tierwelt – Kanada ist ein kinderfreundliches Land.

Besonders beliebt bei Kindern sind natürlich die so genannten »Living

Algonquin Provincial Park ■ D 22, S. 119

Wenn die Kinder schon etwas älter sind, ist eine Kanufahrt in diesem Park (→ S. 80) ein unvergessliches Erlebnis. Aber auch eine Autofahrt auf der einzigen Durchgangsstraße lohnt sich.

250 km nördlich von Toronto, Ontario

Canada's Wonderland ■ C 23, S. 118
Vom Highway 400 aus ist das kana-
dische Disneyland schon zu sehen:
Riesenrutsche und Achterbahn,
Bootsfahrten und Gruselkabinett.
Highlight ist das **Splash Works**, eine
irre Wasserspiellandschaft. Der Park
ist zwischen Mai und Sept. geöffnet.
Nahe Toronto, Ausfahrt Rutherford Rd.
von Hwy. 400, Signalen folgen;
Eintritt 25 Can$

Children's Village ■ a 6, S. 64/65
Ein Park der Superlative, wo nicht
nur ein eigenes Kinderdorf mit allen
erdenklichen Spielmöglichkeiten eingerichtet wurde, sondern auch Konzerte stattfinden.
Ontario Place, Toronto, 955, Lake Shore
Blvd.; Tel. 965-7711; freier Eintritt

Jardin Zoologique ■ C 15, S. 114
Dieser wunderschön angelegte Zoo
besitzt eine Farm mit einheimischen
Tieren.

*Eine Hundeschlitten-Fahrt
kann man sogar in Québec-
City unternehmen – ein
Riesenspaß für Jung und Alt.*

Auf der Route 73, ca. 15 km nördlich von
Québec City; Eintritt 15 Can$, Kinder-
ermäßigung

King's Landing Historical Settlement
■ E 16, S. 115
Wunderschön nachgebautes Dorf
britischer Loyalisten aus dem 19. Jh.
34 km westl. von Fredericton am TCH,
Exit 259; Eintritt 7 Can$

Science North ■ C 21, S. 118
Wissenschaft zum Anfassen. Auf vier
Stockwerken können Kinder in den
Bereichen Biologie, Geologie, Meteo-
rologie, menschliche Anatomie, As-
tronomie und Kommunikation selbst
Experimente ausführen. Ganze Schu-
len pilgern zum Science North, wo
auch das Originalskelett eines Wales
ausgestellt ist.
Sudbury, Paris St. am Ramsey Lake;
Eintritt 8.50 Can$, Kinderermäßigung

Upper Canada Village ■ F 22, S. 119
In diesem lebendigen Museum
steht die Zeit still: Menschen
leben, arbeiten und wohnen wie
vor rund 200 Jahren.
Ontario, Am Highway 2, nahe Morrisburg;
Eintritt 11 Can$, Kinderermäßigung

8

Whale-watching ■ D 15, S. 115
Ein tolles Erlebnis: »Seetüchtige« Kinder werden dieses Bild vermutlich nie
vergessen, die Riesen der Meere leibhaftig gesehen zu haben. Zwischen
Juni und Oktober fahren in regelmä-
ßigen Abständen Boote hinaus auf
den St. Lorenz-Strom, auf der Suche
nach Walen – es soll sogar schon vor-
gekommen sein, dass sich ein 30 m
langer Blauwal in dieses Gebiet verirrt
hat! Naturschützer wenden dagegen
ein, dass man mit den Booten zu nah
an die Tiere heranfahre und deswe-
gen ihre natürliche Ruhe störe.
Abfahrten in Tadoussac, Baie-Ste-Cathe-
rine, Rivière-du-Loup; Eintritt 40 Can$,
keine Kinderermäßigung;
Infos: 418/235-4421; Dauer ca. 3 Std.

Harbourfront ■ d 5–6

Vor wenigen Jahren war das Uferbild der Stadt geprägt von Lagerschuppen und verfallenen Häusern. Inzwischen hat man kräftig renoviert und restauriert, und es ist eine ansehliche Promenade daraus entstanden. Vor allem zu fortgeschrittener Stunde, wenn die Dämmerung einsetzt, lohnt ein Spaziergang am See entlang. Und im riesigen Harbourfront Park finden Sie bestimmt eine Bar oder ein Restaurant, um den Abend zu beenden.

Just Desserts ■ d 4

Nicht weit von der Amsterdam Brassery ist ein Laden, der sich – wie der Name schon sagt – nur auf Nachspeisen spezialisiert hat. Und was für welche!
139 John St.; U-Bahn: St. Andrew

O'Keefe Centre ■ e 5

Hier sind die Canadian Opera Company und das National Ballet of Canada beheimatet. 3200 Menschen haben in einem Konzertsaal, der auch für Gastspiele genutzt wird, Platz.
1 Front St. East/Ecke Yonge St.;
U-Bahn: Union

Pantages Theatre ■ e 3

Dieses Haus aus den zwanziger Jahren wurde 1989 mit der kanadischen Version von A. Lloyd Webbers »Phantom of the Opera« wiedereröffnet.
244 Victoria St./Dundas Sq.;
U-Bahn: Dundas

Royal Alexandra Theatre ■ d 4

Eine Art Testbühne großer Regisseure für den Broadway: Was hier beim Publikum durchfällt, hat auch in New York keine Chance, was hier beklatscht wird, gefällt auch anderswo.
260 King St. West; U-Bahn: St. Andrew

RPM ■ e 6

1994 traten hier spontan die Rolling Stones auf. Seither der In-Treff.

Samstags Livemusik.
132, Queen's Quay East; U-Bahn: Union

York Quay Centre ■ d 6

Das nächtliche Erlebniscentre. Außer den besten Discos gibt es hier auch Kinos und Konzertsäle.
Queen's Quay, am Hafen; U-Bahn: Union

Service

Auskunft
**Metropolitan Toronto
Travel Association** ■ e 6
207 Queen's Quay West; Tel. 416/368-9821
oder gebührenfrei: 1-800-387-2999

Info-Kiosk am
Eaton Centre ■ e 3–4
Mai–Okt. tgl. 9–19 Uhr;
Winter 9.30–17.30 Uhr

Medizinische Hilfe
Beim Community Information Centre erhalten Sie rund um die Uhr Auskunft: Tel. 416/392-0505

Vintage Street Car Tours ■ e 3
Stadtrundfahrten mit einem nostalgischen Bahnwagen.
150 Dundas St.; U-Bahn: Dundas

Ziele in der Umgebung

Black Creek Pioneer Village 👫 ■ C 23, S. 118

Eines der »Living Museums«. Hier können Sie nachvollziehen, wie die Pioniere gelebt und gearbeitet haben: Da werden Schuhe handgearbeitet und Schafe geschoren, Hufeisen geschmiedet und – damals von wichtiger Bedeutung fürs Überleben – von den Büchsenmachern Gewehre hergestellt. Im Sommer verdienen sich einige Dutzend Studenten damit ein wichtiges Zubrot. An Wochenenden geschlossen.
30 km nordwestlich von Toronto

Brantford ■ C 24, S. 118

80 000 Einwohner

Auf halbem Weg zwischen London und den Niagarafällen liegt der Ort, der durch Alexander Graham Bell Berühmtheit erlangte: Er war es, der am 10. Aug. 1876 zum ersten Mal per Telefon mit seinem Onkel in Paris sprach – nicht über den großen Teich hinweg, denn auch in Kanada gibt es ein Paris, 15 km von Brantford entfernt, aber immerhin …

Canada's Wonderland 👫 ■ C 23, S. 118

Schon vom Highway 400 aus sind die Reklameschilder dieses überdimensionalen Freizeitparks zu erkennen: Er gilt als das kanadische Disneyland. 1981 wurden die Attraktionen im großen Stil eröffnet, und seither strömen Millionen von Menschen zu den vielen Highlights.
30 km nördlich von Toronto; tgl. Juni–Okt.; Eintritt 25 Can$

Fanshawe Pioneer Village 👫 ■ B 23, S. 118

15 Minuten mit dem Auto in östlicher Richtung von London entfernt liegt dieses »Living Museum«, das vom Leben der Siedler im 19. Jh. erzählt. Geöffnet von Mitte Mai – Okt.

London im Waterloo County 👫 ■ B 24, S. 118

100 000 Einwohner

Ende des 18. Jh. suchte der damalige Gouverneur John Simcoe nach einem Ort, der die Verwaltungsaufgaben der Provinz zwischen den Seen Ontario, Erie und Huron übernehmen sollte. Die Wahl fiel auf eine kleine Siedlung, die geografisch exakt in der Mitte liegt. Er taufte sie – ganz Brite – London, um dem Ort mehr Achtung zu verleihen, und den kleinen Fluss in Thames (Themse). Straßennamen wie Oxford, Piccadilly, Hyde Park oder Trafalgar Square erinnern noch heute daran, dass Kanada das Land der Einwanderer ist. Heute hat sich eine Menge Industrie rund um die Stadt angesiedelt, aber London ist idealer Ausgangspunkt für Fahrten ins Waterloo County, zum Beispiel nach Kitchener/Waterloo, eine ehemals deutschstämmige Siedlung.

Hotels/andere Unterkünfte

Best Western Inn
Eine Hotelkette, die bekannt ist für gehobene Ansprüche.
591 Wellington Rd.; Tel. 519/681-7151, Fax 519/6813271; 86 Zimmer
★ ★ ★ AmEx DINERS EURO VISA

Fifth Wheel Truck
Kleines Familienhotel, zentral gelegen.
2 Dorchester Rd.; Tel. 519/268-7319, Fax 19/2683050; 26 Zimmer
★ EURO VISA

Sehenswertes

East Park Golf Gardens
Ein Familienpark: Während die Erwachsenen sich im Golfen versuchen, spielen die Kinder auf den Wasserrutschen im Schwimmbad.
1275 Hamilton Rd.

Eldon House
Dieses schneeweiße Haus, rundherum von einer Veranda umgeben, wurde 1834 erbaut und diente lange als soziales und kulturelles Zentrum der Gegend. Heute ist darin eine Bibliothek untergebracht.
Ridout Street

The Grand Theatre
1901 wurde dieses Haus gebaut und 1978 im großen Stil renoviert. Es

zählt heute zu den schönsten Theatern im kanadischen Südwesten, und ab und zu gastieren hier auch schon mal renommierte Ensembles.
471 Richmond St.

Museen

London Regional Art Gallery
Sie hat einen guten Ruf weit über den Distrikt hinaus, denn immerhin beherbergt das Museum fast 3000 historische und zeitgenössische Werke vorwiegend einheimischer Maler.
421 Ridout St.; Di–So 12–17 Uhr; Eintritt frei

Essen und Trinken

Great West Steak House
Steaks, Fisch und eine ausgezeichnete Salatbar – Markenzeichen des Steak-House.
240 Waterloo St.; Tel. 519/672-0111
★★ AmEx DINERS EURO VISA

Service

Visitor's and Convention Services
300 Dufferin Ave.; Tel. 519/661-5000, Fax 519/6616161

MERIAN-Tipp

Museum of Indian Archaelogy 🎎 Es ist der einzige Ort in ganz Kanada, wo ein indianisches Dorf aus dem 16. Jh. nach dort gefundenen Utensilien nachgebaut worden ist. Ausstellungen von Inuit- und Indianerkunst. 1600 Attawandaron Rd.; tgl. 10–17 Uhr (Sommer); Eintritt 4 Can$, Kinderermäßigung

McMichael Canadian Art Collection ■ C 23, S. 120

Keine 40 km nördlich von Toronto liegt am Highway 400 **Kleinburg**, ein verschlafenes Städtchen, das durch ein Museum weit über Ontario hinaus bekannt geworden ist. Am Rande der Stadt befindet sich, umgeben von einem riesigen Erholungsgebiet, die **McMichael Canadian Art Collection**, die bedeutendste Sammlung kanadischer Kunst im Lande.

Um die Jahrhundertwende formierten sich in Kanada sieben Maler zu der **Group of Seven**, einer Künstlergruppe, die in Anlehnung an den europäischen einen eigenen kanadischen Impressionismus entwickelte. Sie lebten zeitweise völlig abgeschieden – jeder für sich oder auch in kleineren Gruppen – in der kanadischen Wildnis, um ihr geliebtes Land auf der Leinwand festzuhalten. Es gab aber auch kritische Stimmen zu dieser Gruppe, denn ihre Vorherrschaft in der Kunst war so erdrückend, dass sich andere Stilrichtungen seit Beginn dieses Jahrhunderts kaum entfalten konnten. Erst in den fünfziger Jahren nahm der Einfluss der Group of Seven zugunsten anderer Künstler ab. Zu verdanken ist das gut besuchte Museum Robert und Signe McMichael, die 1952 hier ihr Haus bauten und es mit einigen gekauften Bildern der Group of Seven zierten. Es wurden mehr und mehr, und 1965 beschlossen sie, ihren Besitz der Provinz Ontario zu schenken. Seither ist nicht nur die Kollektion stetig gewachsen, auch das kleine ursprüngliche Steinhaus der McMichaels ist zu einem ansehnlichen Museum mit einem vorzüglichen Restaurant geworden.
Tgl. 9–18 Uhr

Mischung aus Raumschiff Enterprise und Glasgalerie: Torontos Eaton Centre (→ S. 68).

Metropolitan Toronto Zoo 👫 ■ D 23, S. 119

30 km nordöstlich vom Stadtzentrum, in **Scarborough**, liegt dieser außergewöhnliche Zoo, der nach Erdteilen gegliedert ist. Auf einer Fläche von 287 ha werden mehr als 4000 Tiere gezeigt. Soweit wie möglich leben sie in ihren natürlichen Lebensräumen. Deshalb kann es sein, dass man so manches Tier nicht gleich zu Gesicht bekommt, weil es nicht wie auf einem Servierteller präsentiert wird. Sehenswert sind auf jeden Fall der afrikanische Pavillon und die nordamerikanische Abteilung mit einer Vielzahl heimischer Tiere, natürlich auch Bären.

Tgl. geöffnet; Eintritt 8 Can$, Kinderermäßigung

Mississauga Hall ■ C 23, S. 118

Nur wenige Autominuten in südwestlicher Richtung gelangt man in den Vorort Mississauga. Alljährlich pilgern unzählige Freunde außergewöhnlicher Architektur in diesen Ort, der außer seiner gewagten City Hall nichts zu bieten hat – aber die hat es in sich: Die Architekten Jones and Kirkland haben ein hypermodernes Zentrum entworfen, das neben einem an eine neuzeitliche Kirche erinnernden Glockenturm auch eine Rotunde, eine fast 2000 Menschen fassende Halle, und viele Büroräume besitzt. Vielleicht können Sie eine Fahrt hierher mit einer abendlichen Veranstaltung verknüpfen, denn vor allem im Sommer finden hier regelmäßig Konzerte und Theateraufführungen statt. Oder Sie statten dem Reservat der Mississauga-Indianer einen Besuch ab. Es sind Angehörige vom großen Stamm der Algonquin-Indianer, die sich hier – staatlich subventioniert – mit Handarbeiten über Wasser halten, die in einem Shop verkauft werden.

Knapp zwei Autostunden südwestlich von Toronto

Niagara Falls 👫 ■ D 24, S. 119

Keine Frage – sie sind ein absolutes Muss eines jeden Kanadareisenden, die »donnernden Wasser« (indianisch: niagara) gut 100 km von Toronto entfernt. Aber richten Sie sich auf ein gigantisches Touristenspektakel ein, denn seit 1795 ist eine Menge Wasser die Fälle heruntergesaust. Damals nämlich weigerten sich noch die Verantwortlichen, für ein paar Dollar einen Pfad zu den Fällen anzulegen; Begründung: »Wen interessieren schon die Wasserfälle, außer Kinder?« Heute kann kaum jemand der Faszination der Wassermassen widerstehen, die in ungeheurem Donner die Klippen, 55 m hoch und 800 m breit, überwinden: fast 3000 Kubikmeter Wasser pro Sekunde oder 20 Millionen Kubikmeter pro Stunde – unvorstellbare Mengen, die ebenso unvorstellbar viel Energie liefern, aufgefangen in den Kraftwerken. Von **den** Fällen zu sprechen ist deshalb richtig, weil es die **American Falls** und die kanadischen, die **Horseshoe Falls**, gibt. Letztere sind deshalb nach einem Hufeisen benannt, weil ihr Halbkreis an den Pferdeschlag erinnert. Sie haben mehrere Möglichkeiten, sich die Fälle – im wahrsten Sinn des Wortes – näherzubringen:
– die Türme Minolta (200 m, Portage Road) und Skylon (223 m, Queen Victoria Park) bieten Ihnen eine prächtige Sicht auf das Wasser, nachts ist das Spektakel besonders eindrucksvoll, dann werden die Fälle illuminiert;
– per Hubschrauber, die ständig vom Bahnhof Niagara Falls aus an der Victoria Ave. in der Nähe der Whirlpools starten (rund 70 Can$);
– mit den Booten »Maid of the Mist«, die Sie, in Friesennerzen verpackt, an den American Falls vorbei zu den Horseshoe Falls schippern (rund 10 Can$);

– zu Fuß, wenn Sie von der Rainbow Bridge aus am Fluss entlang direkt auf die Fälle zumarschieren und sich schließlich zum Tunnel durchkämpfen, der unter den Horseshoe Falls durchführt;

– hinzu kommt eine Luftseilbahn, mit der Sie über den Whirlpool hinwegsegeln, einem Naturereignis unterhalb der Fälle, das durch die Verwirbelung des in einem rechten Winkel abfließenden Wassers entsteht.

Statten Sie auch dem Imax Theatre am Queen Victoria Park einen Besuch ab, denn auch der Film »Niagara – Miracles, Mythos and Magic« bringt Ihnen die Fälle und ihre Geschichte näher. Da sind sie dann noch einmal zu sehen, die waghalsigen Abenteurer in ihren fallenden Fässern. Wie zum Beispiel die Lehrerin Anna Taylor, die sich 1901 als Erste in einem Fass die Fälle herunterstürzte und überlebte. Oder die Drahtseilakte des »grand blondin«, eines französischen Akrobaten, der sich von Mal zu Mal steigerte und letztlich einen Menschen huckepack übers Seil balancierte.

Es gibt noch mehr dieser mutigen Verrückten, denen aber 1951 nach dem dritten Todessturz Einhalt geboten wurde; seither sind jegliche privaten, publicityträchtigen Aktionen in den Niagarafällen verboten.

Gern gesehen sind hingegen jene Herrschaften, die sich ihr Ja-Wort durch die Gischt der Fälle sozusagen feucht besiegeln lassen: Seit Napoleons Bruder eine Hochzeitsreise zu den Niagara Falls machte, sind die Fälle zum Ausgangspunkt so mancher Ehe geworden ...

Ska-Nah-Doht Indian Village and Museum ■ B 24, S. 118

So haben Indianer, genauer Irokesen, vor rund 1000 Jahren in dieser Gegend gelebt. Es liegt rund 30 km südwestlich der Stadt London am Highway 2.
Tgl. März–Sept.

Stratford ■ B 23, S. 118

30 000 Einwohner

Das kanadische Stratford liegt, wie das englische Vorbild, an einem Fluss, der Avon heißt. Seit 1953 wird dem britischen Schriftsteller jährlich mit einem der größten Festivals auf dem gesamten Kontinent gehuldigt. Aber auch Stücke von Bertolt Brecht oder Molière sind schon in dem 2258 Plätze großen Theater aufgeführt worden.
56 km von London entfernt

MERIAN-Tipp

Seit mehr als 150 Jahren schippern sie die Unmengen von Touristen mitten hinein in die Horseshoe Falls, die sechs Boote der **Maid-of-the-Mist-Flotte**. Bis zu 10 000 Passagiere, in blaue Regenmäntel verpackt, können die Schiffe pro Tag bewältigen; wenn man diesen Massenauflauf über sich ergehen lässt und sich nur dem Naturschauspiel widmet, ist diese Fahrt in die Gischt ein bleibendes Erlebnis. Wem das noch nicht reicht, der kann für rund 70 Can$ per Hubschrauber einen Rundflug über die Fälle machen. Die »Maid-Flotte« fährt von Mai bis Oktober. Kostenpunkt: 13 Can$. ■ D 24, S. 119

Alle Sinne erfordert dieses Land, es wechselt ständig sein Gesicht. Und wer Zeit und Muße mitbringt, lernt es auf diesen ausgiebigen Touren am besten kennen.

Immer wieder: einsame Ge-
höfte, Wind, Wolken und Wei-
te. Auch auf Prince Edward
Island erlebt man Kanada
von dieser Seite (→ S. 86).

Von Toronto in den Algonquin Provincial Park

Toronto ○
400
121 km

St. Mary-
among-the-Hurons ✳ **5**

69
109 km

Parry Sound ○

98 km

11
Huntsville ○

60
40 km

Algonquin
Provincial Park ✳

Auf dem Highway 400 geht es in Richtung Norden bis nach Barrie. Bei Midhurst verlassen Sie den Highway und fahren auf der 26 nach **Wasaga Beach** am **Lake Huron**, wo Sie am weltweit längsten Sandstrand eines Süßwassersees baden können. **Midland** ist danach Ihr Ziel, und nur ein paar Kilometer entfernt liegt **St. Mary-among-the-Hurons**. Mitte der sechziger Jahre wurde diese Jesuitensiedlung wieder aufgebaut. Denn nur zehn Jahre, von 1639 bis 1649, konnten die Padres ihrem Auftrag nachkommen, die Indianer zu bekehren. Dann machten die Huronen dem Spuk ein Ende und setzten die damals östlichste Siedlung der europäischen Eindringlinge in Brand. Die etwa einstündige Fahrt auf dem Highway 69 bis Parry Sound vermittelt einen Eindruck vom Bilderbuch-Kanada: Die Straße führt an glasklaren Seen und gesunden Wäldern vorbei. Schilder weisen den Weg zum Hafen und der Island Queen, die Sie durch die Wunderwelt der 30 000 Islands schippert.

Auf gleicher Höhe wie Parry Sound liegt nur eine Autostunde entfernt Huntsville, der Ausgangspunkt für die Visite im **Algonquin Provincial Park**. Per Auto können Sie den 7600 Quadratkilometer großen Park am Südrand auf dem Highway 60 durchfahren. Es ist die einzige Straße. Seien Sie ganz frühmorgens unterwegs, es lohnt sich! Der Algonquin Provincial Park behauptet von sich zu Recht, der beste Ort in Nordamerika zu sein, um Elche zu beobachten. Aber Vorsicht: Steigen Sie nicht aus, um Fotos zu machen, Elchkühe mit Jungtieren können recht ungemütlich werden. Den Park und die wunderschöne Natur lernt man am besten kennen, wenn man sich für eine ausgedehnte Wanderung auf einer der vielen gekennzeichneten Routen entscheidet oder die Wildnis mit einem Kanu oder Kayak erobert: Rund 2000 Wasserkilometer liegen vor Ihnen…

Dauer: je nach Aktivitäten im Algonquin Park 2 bis 5 Tage;
Karte: → S. 118/119

Von Québec City zur Gaspésie-Halbinsel

Südlich von Québec überquert der TransCanada-Highway 20 den St.-Lorenz-Strom. In nordöstlicher Richtung führt er Sie am Fluss entlang nach **Rivière-du-Loup**, dem Tor zur **Gaspésie-Halbinsel** (Peninsule de Gaspé), die rund 250 Kilometer lang und bis zu 150 Kilometer breit ist. Auf dem Highway 132 werden Sie nun bald die raue Schönheit der Landschaft erkennen. Schroffe Steilküsten am St.-Lorenz-Strom, dessen Nordufer man nun mit bloßem Auge nur noch erahnen kann, und Wald, Berge und Flüsse im Landesinnern. Matane ist das Anglerparadies: Während der Laichzeit der Lachse im Spätsommer und bis in den Herbst hinein wandern die begehrten Fische den **Rivière Matane** hinauf – und die Fischer sind ihre ständigen Begleiter.

Bei **Sainte-Anne-des-Monts** sollten Sie den 132er verlassen und auf dem Highway 299 in den **Parc de Conservation de la Gaspésie** fahren. Vor Ihnen liegen nun die Chic-Chocs Mountains mit dem 1277 Meter hohen **Mont Jacques-Cartier**. In der noblen **Gîte du Mont-Albert** gibt es Übernachtungsmöglichkeiten, gutes Essen und eine Ausstellung über die Gaspésie.

Kleine Dörfer, schöne Buchten

Die Reise geht weiter auf dem Highway 132 – Sie müssen zuvor auf dem 299er zurückfahren – die

Québec

|20| 192 km

Rivière-du-Loup

299 km
|132|

Sainte-Anne-des-Monts

In den Slogans auf den Autoschildern bekennen die Kanadier die Liebe zu ihrer Provinz.

Sainte-Anne-des-Monts

132

68 km

L'Anse-Pleureuse

125 km **198**

Gaspé

132

75 km

Percé

140 km

132

Bonaventure

132

255 km

Amqui

406 km **22**

Quebec

Küste entlang und durch viele kleine Dörfer, die sich in den Buchten angesiedelt haben. Die Einwohner leben vom Fischfang und zunehmend auch vom Tourismus; für wenig Geld bekommen Sie in den Restaurants ausgezeichnetes Essen – Fisch natürlich. In **L'Anse-Pleureuse** teilt sich die Straße, und wenn Sie genug von der Küste haben, sollten Sie auf dem 198er nach **Gaspé** fahren. Gaspeg hieß der Ort in der Sprache der Micmac-Ureinwohner, was soviel wie »land's end« bedeutet. Die rund 17 000 Einwohner des beschaulichen Ortes leben in der Hauptsache von der Administration und dem Fischfang. Bei schönem Wetter sollten Sie einen Abstecher in den **Parc National de Forillon** nördlich von Gaspé machen: Hier finden Sie herrliche Kiesstrände, und ein Spazierweg führt Sie zu einem wunderschönen Aussichtsturm.

Kuriosität der Natur

Kleiner und noch beschaulicher als Gaspé ist **Percé**, der Ort, der wegen seines berühmten Rocher Percé bekannt ist: Ein riesiger Felsen ragt 400 Meter lang und 88 Meter hoch aus dem Meer. Wind- und Wassererosion haben ein Loch in ihm geformt. Machen Sie auch einen Bootsausflug zur Insel **Bonaventure**, die die größte Tölpelkolonie Nordamerikas beheimatet.

Auf der Südroute führt der Highway 132 an der **Baie des Chaleurs** entlang. **Chandler, Port-Daniel** und **Bonaventure** sind Ortschaften, die sich weit mehr auf den Fremdenverkehr spezialisiert haben als die Dörfer der Nordküste. Der Süden ist auch längst nicht so herb und wild wie der Norden der Halbinsel, viele kleine Buchten sorgen für Entspannung.

Über Amqui und Mont-Joli gelangen Sie nach einer wohl verdienten Ruhepause wieder auf den Highway 132, der Sie rasch zurück nach Québec führt.

Dauer: mindestens 1 Woche; **Karte:** → S. 114/115

Cabot Trail

Der Erfinder des Telefons, der Schotte Alexander Graham Bell, verbrachte viele Jahre in Nova Scotia und schwärmte: »Ich habe die ganze Welt gesehen, aber die einfache Schönheit von Cape Breton Island übertrifft alles.« In **Baddeck** wurde dem Erfinder ein Park und ein Museum gebaut. Baddeck ist der Ausgangspunkt der etwa 300 Kilometer langen Insel-Tour, eine der schönsten Panoramastrecken der Welt.

Ihre erste Etappe bringt Sie nach **Chéticamp**, einem kleinen Fischerort französischen Ursprungs mit dem sehenswerten Acadian Museum, das die Siedlungsgeschichte der Region nacherzählt. Von hier aus lassen sich Routen und Touren im landschaftlich reizvollen **Cape Breton Highlands National Park** planen. Er ist knapp 1000 Quadratkilometer groß, bietet herrliche Wander- und Angelmöglichkeiten und ist die Heimat von Elchen, Bibern und unzähligen Vogelarten. Wer in **Cape North** den Trail verlässt, kommt nach wenigen Kilometern an die Stelle, wo der Entdecker John Cabot 1497 gelandet sein soll. Camper sollten unbedingt Meat Cove Camping am Ende derselben Straße ansteuern – ein unglaublich schön gelegener Campingplatz! Wer nach gut 20 Kilometern Schotterpiste in Meat Cove ankommt, traut seinen Augen nicht: Der romantische Campground liegt hoch über den Felsen und bietet einen grandiosen Blick über das Meer. Fragen Sie den jungen Besitzer, ob er mit Ihnen eine Wanderung in den Busch unternimmt oder Ihnen mit seinem Boot die Küste zeigt; vielleicht gibt es ja ein paar Wale gratis zu beobachten.

Ingonish Beach ist ein kleines Fischerdorf mit einem verträumten Sport- und Fischereihafen.

Einige Kilometer weiter südlich kommen Sie in die »Bergwelt« von **Cape Smokey**. Die Straße führt Sie nun weiter durch kahles und karges Hochland, und bei klarem Wetter haben Sie hier und da einen wunderschönen Blick auf den Atlantik.

Dauer: 3 Tage; **Karte:** → S. 117

Evangeline Trail

Diese etwa 500 Kilometer lange Route führt Sie zurück zu den Anfängen der kanadischen Besiedlung, als die Franzosen 1605 Port Royal gründeten, aber kurz darauf von den Engländern vertrieben wurden. Davon erzählt auch Longfellows Gedicht »Evangeline«, nach dem der Trail benannt wurde. Zwischen **Yarmouth** an der Südostspitze und **Digby** liegt French Shore, die Französische Küste. Denn nach der Vertreibung kamen die französischen Siedler wieder zurück. Rund 30 Familien, so sagt die Legende, sollen den Weg zurück von Boston in ihre alte Heimat gefunden haben. Church Point hat seinen Namen nicht zu Unrecht, denn die Kirche ist die höchste Holzkirche in ganz Nordamerika.

Yarmouth

101

249 km

Wolfville

Weiter nördlich beginnt das **Annapolis Valley**, das die Akadier nicht umsonst für ihre Besiedlung ausgewählt haben, denn nirgendwo auf der Halbinsel ist der Boden fruchtbarer, das Klima milder. Im Mai und Juni blühen im ganzen Tal die Apfelbäume. Jeder Ort feiert dann sein Apfelblütenfest. Egal, ob Sie in Digby, Annapolis Royal, oder Wolfville Station machen, zur Zeit der Apfelblüte ist jedes der kleinen Dörfer einen Besuch wert. Aber Wolfville lohnt sich besonders. Der Ort wurde Mitte der 18. Jahrhunderts von einer Handvoll Farmer gegründet, die aus Neu-England hierher verschlagen wurden. Zunächst hatte der schöne Ort den hässlichen Namen »Mud Creek«, bis er von einem – offensichtlich wenig bescheidenen – Richter mit dem Namen de Wolfe in Wolfville umgetauft wurde. Im Touristinfo gibt es eine Broschüre, die Ihnen die Villen und Prachtbauten aus dem 18. und 19. Jahrhundert näher bringt. Nehmen Sie sich Zeit für einen Abstecher zum **Prescott House** in Greenwich. Das Haus aus dem 19. Jahrhundert gehörte dem Hobbyzüchter Charles Prescott. Ihm ist es zu verdanken, dass das Annapolis-Tal das größte Apfelanbaugebiet im östlichen Kanada ist.

Dauer: 2 Tage; **Karte:** → S. 116

Lighthouse Route

Wer gerne das raue Meer um sich hat und an einsamen Buchten baden will, wer Zeit zum Genießen mitbringt, für den ist diese Tour richtig. Benannt ist die Strecke zwischen Halifax und Yarmouth nach dem Leuchtturm von **Peggy's Cove**, der heute als beliebtestes Postamt der Insel gilt. Traurige Berühmtheit erlangte die Küste durch den Absturz eines Swissair-Flugzeuges 1999.

Lunenburg ist auf jeden Fall einen Abstecher wert: Die berühmte Holzarchitektur der Stadt ist von der UNESCO zum Weltkulturerbe erklärt worden. Außerdem entstand hier die berühmte Blue-nose, jenes Segelschiff, das 1921 hier vom Stapel lief, 21 Jahre lang als das schnellste der Welt galt und heute auf dem kanadischen 10-Cent-Stück verewigt ist. Lunenburg wurde von Deutschen und Schweizern Mitte des 18. Jahrhunderts als Schiffbaustadt gegründet – in einem Museum können Sie die besseren Tage der Hafenstadt nachvollziehen.

Sie sollten nun an der Küste entlang **Liverpool** ansteuern. Eigentliches Ziel Ihrer Reise ist **Shelburne,** das nach dem Ende des amerikanischen Unabhängigkeitskrieges zeitweise zum größten Ort auf dem Kontinent wurde. Von hier geht es weiter über **Barrington** nach **Yarmouth,** dem Endpunkt der Lighthouse Route.

Dauer: 2 Tage; **Karte:** → S. 116

○ **Halifax**
103
98 km

○ **Lunenburg**

137 km
103

○ **Shelburne**
97 km
103
○ **Yarmouth**

Vor 10 000 Jahren haben die Gletscher der letzten Eiszeit die mächtigen Granitfelsen von Peggy's Cove glatt geschliffen.

Prince Edward Island

Die drei folgenden Routenvorschläge bieten sich zur Inselerkundung besonders gut an: Der **Lady Slipper Drive** auf Prince Edward Island führt auf 290 Kilometer Länge durch den westlichen, weniger touristisch erschlossenen Teil der Insel. Der Ausgangspunkt für diese Tour liegt auf der »Sonnenseite« der Insel und heißt **Summerside,** hat nur knapp 10 000 Einwohner, deren Haupterwerb in erster Linie aus Fischfang besteht.

Knackfrische Austern gefällig?

Lieben Sie Austern, sollten Sie an der Malpeque Bay Station machen, denn hier werden sie zu Millionen gezüchtet, mehr als 30 Millionen im Jahr. Aber auch die herrlichen Sandstrände der Malpeque Bay haben es in sich. Machen Sie anschließend einen Abstecher zur **Lennox-Insel,** hier befindet sich das größte Reservat der Micmac-Indianer mit rund 40 Familien. Sie leben heute vom Tourismus, indem sie handwerkliche Arbeiten, vor allem geflochtene Körbe, verkaufen. **Alberton** gilt nicht nur als wohlhabende, sondern auch als schöne Stadt, wobei das eine mit dem anderen eng zusammenhängt: Hier wurde nämlich lange mit Silberfüchsen gehandelt, und aus dieser Zeit stammt der große Reichtum der Einwohner, den sie in Form schöner Häuser und Anlagen prächtig zur Schau stellen. Nächste Etappe ist das **North Cape,** eine wellenumspülte Inselspitze, deren Leuchtturm schon mehrmals ins Landesinnere versetzt werden musste, weil das Meer den Sand förmlich auffrisst. Und da hier ständig ordentliche Winde wehen, hat man eine Teststation für Windgeneratoren gebaut. Zurück geht es an der traumhaft schönen Westküste entlang, die Sie nach Belieben zum Baden nutzen sollten.

Cap Egmont am südlichsten Zipfel der **Egmont Bay** hat ganz in der Nähe, Richtung **Mont-Carmel,** ein wiederaufgebautes Akadierdorf. Die Akadier waren französische Auswanderer, deren Nachfahren auch heute noch in diesem Bereich der Provinz

Summerside ○

54 km

Lennox Island ✳

30 km

Alberton ○

18 km

North Cape ✳

94 km

Cap Egmont ○

22 km

Summerside ○

Prince Edward Island

Gulf of St. Lawrence

Prince Edward Island

Lady Slipper Drive
Blue Heron Drive
Kings Byway Drive

Prince Edward Island Nat. Park

Northumberland Strait

New Brunswick

©MERIAN-Kartographie
Tel. 089.450007.272

87

leben; wer Französisch spricht, wird besonders
herzlich aufgenommen. An der **Bedeque Bay** geht
es zurück nach Summerside.

Blue Heron Drive

Charlottetown ○

Von Charlottetown aus fahren Sie in nördlicher
Richtung auf einer schnurgeraden Straße direkt
in den **Prince Edward Island National Park**. Er erstreckt sich rund 40 Kilometer von der **Tracadie
Bay** im Osten bis zur **New London Bay** im Westen.
In diesem Park mit einer außergewöhnlichen Flora
und Fauna finden Sie den schönsten Strand der

16 km

ganzen Insel vor, und obwohl gerade in den Ferien
und an den Wochenenden Hochbetrieb herrscht,
hat man das Treiben doch im Griff: Es gibt eine
Vielzahl von Campingplätzen und Wanderwegen.
Allerdings nicht auf **Rustico Island**, denn dieser
Teil des Parks ist im Sommer Schutzgebiet für die

North Rustico ○

Großen Blaureiher. **North Rustico** ist Ausgangspunkt für Hochseefischer im St.-Lorenz-Golf. Über-

3 km

haupt gilt Prince Edward Island als Paradies für
Angler – sehr zum Leidwesen der Tunfische.

Cavendish ○

Cavendish ist der Ort, der Prince Edward Island
berühmt gemacht hat, denn hier spielt die

23 km

Handlung des Romans »Anne of Green Gables« von
Lucy Maud Montgomery. Heute ist Cavendish eher

Kensington ○

berühmt für seinen famosen Golfplatz. Über **Kensington** und an **Summerside** vorbei geht es an der

44 km
①

Südküste entlang nach **Cape Traverse**, von wo aus
man, wenn klare Witterung herrscht, das Festland
sehen kann. Ansonsten können Sie sich hier ein

Charlottetown ○

Bild davon machen, dass Landwirtschaft groß geschrieben wird.

Kings Byway Drive

»**U**Pick«, das ist nicht etwa eine Vogelart –
»UPick« finden Sie auf vielen Hinweisschil-
dern entlang der **Hillsborough Bay** südöstlich von
Charlottetown auf dem Kings Byway Drive. Es heißt
nichts anderes, als dass Sie die endlosen Erdbeer-
felder selbst abernten können, »you pick and no-
body else«. Wenn Sie genug schöne Strände und
Küste gesehen haben, biegen Sie bei **Wood Islands**

gen Norden ab und fahren Sie in den **Buffaloland Provincial Park**. Hier werden in einem fast 50 Hektar großen Gehege Büffel gezüchtet. Entscheiden Sie sich doch für die Küstenstraße, dann stoppen Sie in **Murray Harbour North**, denn wenn Sie Glück haben, lässt sich von hier aus eine Seehundkolonie beobachten. In **Basin Head**, fast schon an der Nordostspitze der Insel, können Sie das Fischereimuseum besuchen und, nachdem Sie **East Point** umfahren haben, North Lake einen Besuch abstatten und auf einen der Fischerkutter warten; vielleicht haben die Burschen ja einen Tunfisch gefangen, der sage und schreibe bis zu 500 Kilogramm schwer ist. Das ist hier keine Seltenheit, denn North Lake ist zu Recht die »Tunfisch-Hauptstadt der Welt«. Der nördliche Teil des Byway führt Sie vorbei an Buchten und Stränden zurück nach Charlottetown.

○ **Murray Harbour North**

2 118 km

★ **East Point**

8 km

○ **North Lake**

115 km

2

○ **Charlottetown**

Kolonialstil wie aus dem Bilderbuch: Charlottetown

Charlottetown ist mit 16 000 Einwohnern die kleinste, aber historisch bedeutendste der kanadischen Provinzhauptstädte. 1864 trafen sich hier zum ersten Mal die Väter der Konföderation, und drei Jahre später gründeten sie hier die kanadische Konföderation. Im **Province House** ist der Raum noch im Original zu bewundern, in dem seinerzeit die Unterschriften geleistet wurden. Den besonderen Reiz von Charlottetown bilden vor allem die vielen im Kolonialstil erbauten Holz- und Fachwerkhäuser sowie das Hafenviertel.

Solche Reusen dienen zum Hummerfang.

Die akadische Küste zwischen Moncton und Campbellton

Die akadische Küste, das ist Sommer, Sonne, Strand und Meer. Doch bevor Sie sich auf den Weg machen, sollten Sie in der Universitätsstadt Moncton den **Magnetic Hill** besuchen, jene »magnetische« Illusion, die ein stehendes Auto langsam einen Berg hochfahren lässt ...

Von Moncton aus führt der Highway 134 nach Shediac und zur **Shediac Bay**. Sie vermittelt Ihnen schon einen ersten Eindruck vom touristischen Nabel New Brunswicks. Angenehme Wassertemperaturen, feine Sandstrände und ein mildes Seeklima durch den St.-Lorenz-Golf sind die idealen Voraussetzungen für einen Sommerurlaub, und nicht wenige »Landkanadier« und US-Amerikaner sorgen in der Saison für reichlich Trubel. Shediac betrachtet sich selbst als die Perle der akadischen Küste und Zentrum der Hummerfischerei.

Die Straße Richtung Norden führt zwar nicht direkt am Meer entlang, aber ein Abstecher zum Wasser lohnt sich, weil es abseits der Ortschaften viele einsame Strände und Buchten gibt. **Buctouche** ist ein ehemaliges Fischerdorf, das sich aber schon längst auf den Tourismus eingestellt hat.

Bären und Biber im Nationalpark

Im Verhältnis klein (240 Quadratkilometer), aber dafür ausgesprochen fein ist der **Kouchibouguac National Park** rund 40 Kilometer nördlich von Buctouche. Er bietet eine einzigartige Tier- und Pflanzenwelt und fasziniert durch endlose Dünenlandschaften am St.-Lorenz-Golf und ausgedehnte Wälder und Lagunen im Landesinnern. Sowohl zu Fuß auf markierten Wanderwegen, an denen Campingplätze eingerichtet sind, als auch mit dem Kanu lässt sich dieser faszinierende Park erkundschaften. Biber, Elche und Schwarzbären sind hier keine Seltenheit.

Moncton

24 km

Shediac

11

40 km

Buctouche

11

80 km

Chatham

In **Chatham** können Sie zwischen den Highways 134 und 11 wählen. Letzterer führt Sie weiter an der Küste entlang, der 134er bringt Sie nach **Bathurst,** einer geschäftigen Kleinstadt mit einem erlebenswerten Farmers Market jeden Samstag von 9 bis 13 Uhr. Knapp 40 Kilometer nordöstlich von Bathurst liegt **Caraquet** an der **Baie des Chaleurs**. Er beheimatet das wichtigste Living Museum in New Brunswick, das **Village Historique Acadien** am Highway 11 nahe Bertrand. Hier wird das Leben der Akadier im 19. Jahrhundert nachgespielt. Außer den handwerklichen Tätigkeiten ist auch ein Schleusensystem zu bewundern, das damals für die Bewässerung der Felder sorgte. In einem Restaurant werden typisch akadische Mahlzeiten zubereitet; die französische Abstammung der Akadier ist unschwer zu erkennen.

Von Bathurst aus geht es weiter an der teils felsigen, teils sandigen Küste entlang nach **Campbellton,** einer kleinen Hafenstadt, die vorwiegend vom Holzumschlag lebt. Sollten Sie im Juli unterwegs sein, dürfen Sie auf keinen Fall das **Festival du Saumon** in der ersten Woche des Monats versäumen: Es gibt Lachs in allen Variationen.

Dauer: 3 Tage; **Karte:** → S. 118

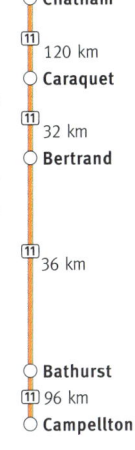

Chatham

⑪ 120 km

Caraquet

⑪ 32 km

Bertrand

⑪ 36 km

Bathurst

⑪ 96 km

Campellton

Gefährlich nur, wenn man sich unvorsichtig verhält: Grizzlys.

Kanadas Osten von A bis Z. Mit aktuellen Wechselkursen und genauer Klima-tabelle, Event-Kalender, Geschichte auf einen Blick, Register und anderen Infos.

Ganz schön verrückt: Zum Carnaval in Québec-City gehört auch das »Eisbaden« (→ Feste und Festspiele, S. 96).

Mit dem Flugzeug

Die Air Canada fliegt im Sommer dreimal täglich nonstop von Frankfurt nach Toronto und täglich von Frankfurt nach Montréal. Auch Canadian Airlines fliegt täglich von Frankfurt nach Toronto.

Bei Flügen in den Sommermonaten ist es ratsam, mindestens zwei Monate vorher zu buchen; auch sollte man sich nach Sondertarifen erkundigen. Das Hin- und Rückflugticket von Frankfurt nach Toronto ist im Sommer schon ab rund 500 € zu haben.

Die großen kanadischen Fluglinien haben auch Gesamtpakete im Angebot, die zusätzliche innerkanadische Flüge enthalten. Im Sommer kosten zum Beispiel zwei beliebige Flüge innerhalb Kanadas dann nur noch knapp 300 €.

Auskunft:
Air Canada
Friedensstr. 7, 60311 Frankfurt; Tel. 069/27115-111, Fax 069/27115-112
Canadian Airlines
Kleiner Hirschgraben 10–12, 60311 Frankfurt; Tel. 069/13887-100, Fax 069/13887-390

Telefonnummern für Flugrückbestätigung
Toronto:
Air Canada: 1-888-2472262
Canadian Airlines: 1-800-6651177
Montréal:
Air Canada: 1-888-2472262
Canada 3000: 1-888-3000669
Canadian Airlines: 1-800-6651177
Sabena: 1-800-955-2000
Swissair: 1-800-2679477
Air France: 1-800-6672747

Vom Flughafen in die Stadt

Vom Lester B. Pearson-Airport in Toronto bringen Busse die Touristen in die Stadt. Das Taxi berechnet für die Strecke Flughafen–Toronto (City) rund 30 Can$.

Seit 1998 werden internationale Flüge nach Montréal nicht mehr über den Mirabel-Flughafen, sondern über den städtischen Airport Dorval abgewickelt. Mit Bus oder Taxi geht's problemlos in die Stadt. Wer hier ein Campmobil mieten möchte, sollte dies bei Location Caravane Leblanc tun. Die Wagen sind in allerbestem Zustand und die Preise moderat. Geschäftsführer ist der Deutsche Harald Winter. Er gibt Ihnen auch gerne weitere Insider-Tipps für den Urlaub (Tel. 514/967-4111, Fax 967-4109).

Mit der Bahn

Immer beliebter, weil komfortabel und doch preiswert, ist das Bahnfahren in Kanada. Auch hier ist rechtzeitiges Buchen empfehlenswert.

Sehr beliebt bei Jugendlichen ist der so genannte Canrail-Pass, der mit dem europäischen Interrail vergleichbar ist.

Auto und Mietwagen

Für Auto als auch Mobilhome gilt: Erstens sollten Sie schon zu Hause buchen, und zweitens müssen Sie eine Kreditkarte besitzen, denn ohne das Plastikgeld als Sicherheit werden Sie an den Mietstationen statt eines Untersatzes Probleme bekommen.

Der Wochenpreis für einen Mittelklassewagen liegt bei etwa 250 €, für ein normales Campmobil (2 Personen) rund 500 € (4 Personen 750 €).

Für Aufenthalte unter drei Monaten reicht der normale Führerschein.

Mit dem Bus

Während die Bahn nur die größeren Städte miteinander verknüpft, fahren die Busse der verschiedenen Anbieter auch in die entlegendsten Dörfer und Winkel. **Greyhound**, **Voyageur** und **Acadian Lines** sind die bekanntesten der überregionalen Linien.

Mit der Fähre

Wer nach Neufundland, Prince Edward Island oder auch nur den St.-Lorenz-Strom überqueren will, ist auf Fähren angewiesen. Die Fremdenverkehrs-büros geben Auskunft über Abfahrts-zeiten.

Auskunft

Canadian Tourism Commission
c/o Lange Touristik Dienst
Postfach 200247, 63469 Maintal 1;
Tel. 01805-Kanada (526232), 24 Pfennig pro Minute, Fax 06181-497558
E-Mail: CANADA-INFO@t-online.de
Internet: www.travelcanada.ca
Faxabruf für aktuelle Kanada-Angebote:
0221-30361810

Bären

Bären haben eine gute Nase, deshalb sollte man beim Campen einige Ver-haltensregeln beachten:
– keine Essensreste zurücklassen;
– Vorräte an einer Schnur zwischen zwei Bäumen aufbewahren;
– die Toilette weitab vom Zelt ver-richten und vergraben.
Wer einem Bären gegenübersteht, muss Ruhe bewahren; flach auf den Boden legen und totstellen.

Bevölkerung

In Kanada ist sie verwirklicht, die multikulturelle Gesellschaft. Die »Mutterländer« Frankreich und Eng-land stellen mit rund 25% bzw. 19% die größten ethnischen Gruppen, da-neben leben vorwiegend Schotten (3,5%) und Iren (2,8%), Deutsche (3,6%) und Italiener (2,8%), Ukrainer (1,7%) und Chinesen (1,4%) in dem 300 km breiten Siedlungsgürtel ent-lang der Grenze zu den USA.
Bei der letzten Volkszählung 1986 lebten 25 354 064 Menschen in Ka-nada, darunter 896 715 deutsch-stämmige. Ontario ist mit 34,2% der bevölkerungsreichste Bundesstaat, vor Québec mit 28,8%. In New Bruns-wick leben 3,3%, in Nova Scotia 4,0%, auf Neufundland 4,5% und Prince Edward Island 0,6% der kana-dischen Bevölkerung. Die kanadi-schen Ureinwohner, vor allem die In-dianer und Inuit, machen nur noch 3% der Gesamtbevölkerung aus. Die Indianer leben in Reservaten zusam-men und haben mit hoher Arbeits-losigkeit zu kämpfen.

Camping

Vornehmlich in den Provincial und National Parks gibt es weiträumige staatliche **Campgrounds**, die in den **road maps** eingezeichnet und auch auf Straßenschildern zu finden sind. Bei den etwas teureren privaten Campingplätzen ist Wasser- und Stromversorgung am Zeltplatz obli-gatorisch, auch eine Waschmaschine gehört zur Ausstattung. Wildes Cam-pen ist in allen Parks verboten – und wegen der Bären gefährlich. Außer-halb der Parks wird Campen gedul-det, wenn Sie sich umweltbewusst verhalten. Auskünfte:
Canadian Automobile Association
südwestlich ■ a 4, S. 39
1775 Courtwood Cr., Ottawa, Ontario/Cana-da K2C 3J2

Diplomatische Vertretungen

Botschaft der Bundes-republik Deutschland ■ c 4, S. 39
1, Waverley St., Ottawa, Ontario/Canada K2P 0T8; Tel. 613/232-4226

Botschaft der Republik Österreich östlich ■ c 3, S. 39
445 Wilbrod St., Ottawa, Ontario/Canada K1N 6M7; Tel. 613/563-1444

Schweizer Botschaft südöstlich ■ c 3, S. 39
5, Marlborough Ave., Ottawa, Ontario/ Canada K1N 8E6; Tel. 613/235-1837

**Kanadische Botschaft
in Deutschland:**
Kanadisches Generalkonsulat
Prinz-Georg-Str. 126; 40479 Düsseldorf;
Tel. 0211/172170, Fax 359165

in Österreich:
Dr. Karl-Lueger-Ring 10, A-1010 Wien;
Tel. 0222/533691

in der Schweiz:
Kirchenfelderstr. 88, CH-3005 Bern;
Tel. 031/446381

Einkaufen

Wer in einer der Atlantikprovinzen
Urlaub macht und auf der Suche
nach etwas Typischem ist, der sollte
nach **Strickwaren** Ausschau halten.
Strümpfe und Pullover aus Schafs-
wolle gibt es in den ausgefallensten
Mustern und Farben, und wenn Sie
bereit sind, den Preis zu bezahlen,
haben Sie wunderschöne handge-
strickte Unikate.

Für **Holzschnitzereien** sind New
Brunswick und Nova Scotia berühmt.

Wahre **Inuit Art**, handgemacht und
von wirklichen Künstlern aus Labrador, dem nördlichen Québec oder
den Northwest Territories, hat ihren
Preis und ist nie in Tourist-Shops an
den Highways zu finden. Achten Sie
beim Kauf auf ein Zertifikat und ein
Signet in der Figur.

Schon seit jeher fertigen die Inuit
aus dem weichen Speckstein und den
Walknochen Werkzeuge und Waffen.
Da der Weg hinauf zur Baffin Insel
ein bisschen zu weit sein dürfte, sollten Sie doch besser auf näher liegen-
de Geschäfte in den Städten aus-
weichen.

Spannend und unterhaltsam zugleich ist ein Spaziergang durch die
unterirdischen Passagen Torontos.
Die **Ville souterraine** in Montréal, die
Métrostadt in der City, ist weltweit
unübertroffen und noch größer als
jene in Toronto.

Ein **Ladenschlussgesetz** gibt es in keiner Provinz: Die Geschäfte in Montréal öffnen in der Regel gegen 9.30
Uhr und schließen montags bis mitt-
wochs um 18 Uhr, donnerstags und
freitags um 21 Uhr und am Samstag
um 17 Uhr. Das kann von Provinz zu
Provinz variieren, jedoch gilt prinzipiell: Einen Abend in der Woche haben
die Geschäfte bis 24 Uhr geöffnet.

Feiertage

Die großen Geschäfte haben an den
folgenden Feiertagen geschlossen,
während kleinere Läden in den
chinesischen oder italienischen Vier-
teln der Städte geöffnet haben.
1. Januar Neujahr
Karfreitag/Ostermontag
Montag vor dem 25. Mai Victoria Day
1. Juli Canada Day
1. Montag im September Labour Day
2. Montag im Oktober Thanksgiving
11. November Remembrance Day
25. Dezember Christmas
26. Dezember Boxing Day

Provinzfeiertage
Québec:
24. Juni St.-Jean Baptiste
Neufundland:
letzter Montag im Juni Discovery Day
Montag vor oder nach dem 1. Juli
Memorial Day
Ontario-Nova Scotia – New Brunswick:
1. Montag im August Heritage Day

Feste und Festspiele

Februar
Carnaval
In den letzten beiden Februarwochen
ist zwar eisiger Winter, aber Québec-
Stadt taut auf. Der St.-Lorenz-Strom
ist zugefroren, und so dient er als Ku-
lisse für den Wettbau von Eisskulpturen und ein Kanurennen. Höhe-
punkt ist ein Umzug durch die ganze
Stadt, in dem der Bon Homme Carnaval gefeiert wird.

Winterlude Festival

Was den Québécois ihr Carnaval, das ist den Menschen in Ottawa der Winterlude. Schauplatz der Schneeschuhrennen und bizarr gebauten Eisskulpturen ist der zugefrorene Rideau-Kanal.

März–April
Maple Sugar Season

Im Frühjahr wird in den Wäldern Ontarios und Québecs der Ahornsirup »geerntet«. Je weiter man sich von den Highways ins Landesinnere entfernt, desto häufiger findet man Ortschaften, die im März und April ein Ahornsirup-Fest veranstalten.

Mai–November
Blossom Festival

Das Festival findet während der Apfelbaumblüte im Annapolis-Becken statt.
Mitte Mai–Ende Juni

Shaw Festival

Der kleine romantische Ort Niagara-on-the-Lake steht ganz im Zeichen von George Bernard Shaw, dessen Theaterstücke hier mit großem Erfolg aufgeführt werden.
Mai–Okt.

Stratford Festival

Shakespeare-Fans reisen in Strömen zu den Theateraufführungen ihres Schriftstellers. Das Festival hat einen internationalen Ruf erlangt.
Ende Mai–Nov.

Juni
International Caravan

Toronto feiert sich selbst. Alle ethnischen Gruppen, die im multikulturellen Toronto ein Zuhause gefunden haben, präsentieren sich und ihre Heimat mit Tänzen und Theateraufführung. Daneben kann man auch leicht eine kulinarische Weltreise machen.
Mitte–Ende Juni

Juli/August
Mahone Bay Chowder Festival

Wenn Nova Scotia überquillt von US-amerikanischen Touristen und das Wetter garantiert Straßenfeste zulässt, dann feiern alle Orte in der Mahone Bay ihr Fischsuppenfest. Natürlich ist auch an all jene gedacht, die sich mit einer frischen kanadischen Bouillabaisse nicht anfreunden können: Die Straßenköche und Wirte geben sich reichlich Mühe, Hunger und Durst zu stillen.

Montréal Jazz Festival

Es hat schon Tradition, dass sich Musiker und Jazzfreunde aus aller Welt zu einem großen Meeting versammeln. Gespielt wird auf Bühnen in Parks und in Kneipen und Bars.

Festival d'Été

Zehn Tage dauern Konzert- und Theateraufführungen, die sowohl in den Theaterhäusern als auch im Freien gezeigt werden.
Québec City; Anfang Juli

Highland Games

Antigonish heißt der Ort schottischen Ursprungs, wo sich seit 125 Jahren wahre Männer im Baumstammwerfen messen. Natürlich dürfen die Dudelsäcke nicht fehlen.
Nova Scotia; in den ersten Juliwochen

Caribana

Die aus Westindien stammende Bevölkerung feiert ausgelassen ihren eigenen Karneval. Tänze und Paraden gibt es hauptsächlich auf den Toronto Islands.

Oktober
Oktoberfest

Deutsche, oder besser bayerische, Gemütlichkeit in Kitchener/Waterloo. Hier stammt der Großteil der Bewohner aus Deutschland, und so gibt es einmal im Jahr so »a richtige Gaudi mit Maß und Weißwurscht«.

Geld

CanDollar ist die Währungseinheit Kanadas. 1 Can$ = 100 Cents. An CanDollar-Scheinen ist im Umlauf: 1, 2, 5, 10, 20, 50, 500, 1 000 Can$. An Münzen: 1, 5, 10, 25, 50 Can$ und 1-Dollar-Stücke (**Looner** oder **Solver-Dollar** genannt).

Kreditkarten sind das ideale Zahlungsmittel. In vielen Hotels bekommt man ohne sie kein Zimmer, und es ist aussichtslos, ohne Kreditkarte einen Mietwagen oder ein Wohnmobil bekommen zu wollen.

Travellerschecks sind, genauso wie ein wenig Bargeld, für die ersten Tage sinnvoll und werden überall akzeptiert.

Devisen können unbeschränkt eingeführt werden. Allerdings verweigern Banken auf dem Land oft das Umwechseln.

Die **Banken** haben in der Regel zwischen 10 und 16 Uhr geöffnet (regionale Unterschiede).

Internet

www.Kanada-info.de
Montréal:
www.tourisme-montréal. org
Québec-City:
www. quebec-region. cuq.qc.ca
Ontario: www.ontario-canada.com
Nova Scotia: www.nova-scotia.com
Überall übersichtliche Gliederung, gute und ausführliche Informationen.

Kleidung

Im Frühling sollten Sie sowohl warme Wintersachen als auch leichte Sommerkleidung im Gepäck haben, da die Temperaturen sehr schwanken. Je weiter man sich in den Norden begibt, desto mehr sollte sich die Garderobe am Winter orientieren. Im Sommer wird es tagsüber warm und abends und nachts frisch bis kühl. Wer in Québec Urlaub macht und gutes Essen in vornehmen Restaurants zu schätzen weiß, der muss an Krawatte und Jackett denken.

Wechselkurse		
CDN	**EU**	**CH**
Can$	Euro	Franken
0,50	0,36	0,58
1,00	0,72	1,15
2,00	1,44	2,31
5,00	3,60	5,77
10,00	7,20	11,54
20,00	14,40	23,09
30,00	21,60	34,63
50,00	36,00	57,72
100,00	72,00	115,44
250,00	180,00	288,59
500,00	360,00	577,18
750,00	540,00	865,77
1000,00	720,00	1154,36

Nebenkosten
(umgerechnet in Euro)

1 Tasse Kaffee 0,80

1 Bier 1,60

1 Cola 0,80

1 Brot (Weißbrot) 1,60

1 Schachtel
Zigaretten 2,50

1 Liter Benzin 0,60

Fahrt mit öffentl.
Verkehrsmitteln
(Einzelfahrt) 1,20

Mietwagen/Tag .... ab 40,00

Stand: März 2001

Notruf

Landesweit 911

Politik

Kanadas Staatsoberhaupt ist die britische Königin Elisabeth I., die nur Repräsentationspflichten erfüllt. Die Staatsform ist eine parlamentarische Monarchie. Auch daran stören sich viele Menschen in der Provinz Québec, die seit Jahrzehnten nach Unabhängigkeit streben und das in der **Parti Québecois** zum Ausdruck bringen. Die zehn Provinzen und zwei Territorialgebiete (Yukon und North-West-Territories) haben weitgehend eigene Rechte (z. B. Steuern und Tourismus), die aber den Separatisten in Québec nicht weit genug gehen (→ Geschichte auf eine Blick, S. 104).

Polizei

Die kanadischen Ordnungshüter der **Royal Canadian Mounted Police (RCMP)** nehmen es sehr genau, wenn es um Ordnung und Sauberkeit geht: Verstöße in den Parks gegen die Umweltvorschriften werden streng bestraft. Zu festlichen Anlässen erscheinen sie in ihren traditionellen Mounti-Uniformen: rote Jacken und Hut mit riesiger Krempe.

Bei Verkehrskontrollen müssen Sie im Wagen sitzen bleiben und erst aussteigen, wenn man Sie auffordert. Zu Unfällen rücken Polizisten nur dann aus, wenn es Verletzte gibt. Sachschäden müssen die Beteiligten unter sich regeln.

Post

Ein Standardbrief (bis 20 g) oder eine Postkarte kosten 90 Cents. Sie erhalten Briefmarken in Postämtern, an Wertzeichenautomaten oder auch in Drugstores. Eine Karte nach Deutschland ist etwa eine Woche unterwegs.

Die Postämter sind zwischen 9 und 18 Uhr geöffnet (regional verschieden), sie sind nicht für Telefonate und Telegramme zuständig.

Reisedokumente

Ein Visum ist bei einem Aufenthalt unter drei Monaten nicht erforderlich, nur ein Reisepass. Wollen Sie für längere Zeit, aber weniger als drei Monate bleiben, dann müssen Sie beim Verlassen des Flughafens erklären, wo Sie sich während Ihres Aufenthaltes bewegen.

Reisewetter

Im Siedlungsgürtel entlang der Grenze zur USA kennt man die vier Jahreszeiten (immerhin liegt Toronto auf demselben Breitengrad wie Venedig), und je weiter man nach Norden kommt, desto mehr beherrschen ausschließlich Sommer und Winter das Land. Ende Mai, am Victoria Day, beginnt in vielen Provinzen die Saison, dann öffnen auch die meisten Provincial und National Parks. Mai und Juni sind die besten Reisemonate für die kanadischen Ostprovinzen, denn das Klima ist zwar nachts frisch, aber tagsüber angenehm warm. Dazu kommt, dass noch nicht der große Urlauberstrom der Kanadier und US-Amerikaner eingesetzt hat, der erst im Juli beginnt und Anfang September endet. Allerdings sind in dieser Zeit auch die Wassertemperaturen etwas angenehmer als während der ersten Monate des Jahres; am Atlantik ist an ein Bad im Juni nicht zu denken.

Eine Reise im Herbst sollten Sie Mitte September beginnen, wenn der **Indian Summer** die Wälder in ein Farbenmeer verwandelt. Manche öffentliche Einrichtungen und viele Campgrounds schließen Anfang/Mitte September. Telefonische Anfragen sind dann ratsam.

Rundfunk

Kanada hat viele staatliche und private Radiosender, die in Gegenden mit hohem Anteil deutschstämmiger Bevölkerung regelmäßig Beiträge in deutscher Sprache senden.

Sprache

Offizielle Landessprachen Kanadas sind Englisch und Französisch. Das bedeutet aber nicht, dass Sie in British Columbia an der Westküste mit Französisch über die Runden kommen, und in Québec-City können Sie auf eine in Englisch gestellte Frage nur ein Achselzucken als Antwort erhalten.
Sprachführer → S. 106
Essdolmetscher → S. 20

Steuern

In Restaurants müssen Sie auf den Speisekartenpreis bis zu 25 Prozent hinzurechnen, denn weder die 7-prozentige GST-Steuer (plus 4 – 8 Prozent Provinz-Steuern in Québec), noch das erwartete 10-prozentige Trinkgeld sind im Preis enthalten.

Sollten Sie Souvenirs oder Geschenke nach Hause mitnehmen, bekommen Sie – mit Ausnahme von Artikeln wie Fleisch, alkoholische Getränke, Tabak, Flugtickets und Mietwagen – die Steuern (7 Prozent) zurückerstattet, auch von den Hotelkosten. Formulare gibt es in den Tourist Informationsstellen.
Revenue Canada, Customs and Excise Visitor Rabate Program
Ottawa Ontario/Canada K1A 1J5

Stromspannung

110 (manchmal bis 125) Volt Wechselspannung bedeuten, dass Sie einen Adapter für Ihre elektrischen Geräte brauchen. Diesen sollten Sie von zu Hause mitnehmen; in Kanada ist die Suche fast aussichtslos.

Telefon

Vorwahlen
D, A, CH → CDN 00 1
CDN → D 0 11 49
CDN → A 0 11 43
CDN → CH 0 11 41

Die genauen Klimadaten von Montréal

		Januar	Februar	März	April	Mai	Juni	Juli	August	September	Oktober	November	Dezember
Durchschnittl. Temp. in °C	Tag	-5,2	-3,8	2,1	10,9	18,2	23,6	26,0	24,7	20,1	13,9	5,7	-2,6
	Nacht	-12,6	-11,3	-4,9	2,4	8,9	14,5	17,2	16,1	11,6	5,3	0,1	-8,9
	Sonnenstunden pro Tag	3,0	3,9	5,0	5,7	7,1	8,0	8,5	7,7	6,0	4,5	2,3	2,5
	Regentage	17	15	13	13	13	12	13	12	12	12	15	17

Quelle: Deutscher Wetterdienst, Offenbach

Wenn Sie eine 0 wählen, meldet sich der **Operator**, der Sie nach der deutschen Telefonnummer fragt. Damit das Gespräch auch durchgestellt wird, fordert der Operator Sie auf, 7 Can$ in Quarterstücken einzuwerfen. Das heißt, Sie müssen sich reichlich mit den Viertel-Dollar-Stücken eingedeckt haben, denn das Geld reicht nur für knappe drei Minuten. Einfacher ist das Telefonieren mit Kreditkarten – leider nicht in allen Provinzen möglich. Bei einem so genannten **Person-to-Person-Call** können Sie dem Operator gegen einen geringen Aufpreis die Person benennen, die Sie unbedingt sprechen wollen. Erreicht er diese nicht, kommt auch keine kostenpflichtige Verbindung zustande.

Telefonate innerhalb von Städten kosten einen Quarter. Für Auskünfte, Hotel-, Mietwagen- oder Flugreservierungen sollte man **tollfree** telefonieren: Es sind gebührenfreie Rufnummern mit einer 1- 800 vorneweg.

Mobiltelefone
Für ganz Kanada (Kanadas Osten): Microcell Telecommunications Inc. In der Provinz Québec: Bell Mobilité, Cantel, Fido

Tiere

Hunde/Katzen müssen gegen Tollwut geimpft sein (amtstierärztliche Bescheinigung). Die Impfung muss mehr als einen Monat und weniger als ein Jahr zurückliegen.

Trampen

Hitch-hiking ist in fast allen Provinzen verboten, es stört sich aber in der Regel niemand daran.

Trinkgeld

Der Verdienst der Kellner ist äußerst gering und wird erst durch das Trinkgeld aufgebessert. Die Speisekarten-

preise sind auch deshalb so niedrig, weil sie ohne Service geplant sind. Deshalb ist es eine Art stillschweigendes Abkommen, dass neben der 7-prozentigen Steuer auch rund zehn Prozent Trinkgeld aufgeschlagen werden. Bei Taxifahrern und beim Friseur sind rund zehn Prozent der Summe ausreichend.

Verkehrsverbindungen

Auto und Mietwagen
Mit dem nötigen Glück werden Sie sogar in der sommerlichen Hochsaison, wenn die US-Amerikaner Kanada übervölkern, ohne Probleme in Hotels und Motels ein Zimmer bekommen. Wer sich davon unabhängig machen will, reist im Wohnmobil durchs Land. Für Auto als auch Mobilhome gilt: Erstens sollten Sie schon zu Hause buchen, und zweitens müssen Sie eine Kreditkarte besitzen, denn ohne das Plastikgeld als Sicherheit werden Sie an den Mietstationen statt eines Untersatzes Probleme bekommen. Die meisten Karten beinhalten auch eine Unfallversicherung, die sonst, wenn Sie statt Karte Bargeld hinterlegen wollen, 10 Can$ pro Tag zusätzlich kostet – wenn man Ihnen überhaupt ohne Karte ein Fahrzeug vermietet.

Der Wochenpreis für einen Mittelklassewagen liegt bei etwa 250 €, für ein normales Campmobil (2 Personen) rund 500 € (4 Personen 750 €). Die Kilometerbegrenzungen sind sehr großzügig bemessen. Erkundigen Sie sich nach der **drop-off-charge**, einer Gebühr, die erhoben wird, wenn Sie den Wagen nicht an demselben Ort abgeben wollen, wo Sie ihn aufgenommen haben. Alle Anbieter verlangen diese Gebühr, aber nur einige bieten überhaupt die Möglichkeit des unterschiedlichen Aufnahme- und Abgabeortes.

Für Aufenthalte unter drei Monaten reicht der normale Führerschein.

Mit der Bahn

Immer beliebter, weil komfortabel und doch preiswert, ist das Bahnfahren in Kanada. Auch hier ist rechtzeitiges Buchen empfehlenswert. Zwar ist der Eindruck von der Weite und Schönheit der kanadischen Landschaft so nachhaltiger als mit der Reise per Flugzeug, man sollte aber bedenken, dass man aufgrund der riesigen Entfernungen wertvolle Urlaubszeit im Zug verbringt. Wer zum Beispiel den oft zitierten Eisenbahntrip von Küste zu Küste unternehmen will, ist vier Tage nur mit dem Zug unterwegs. Eine solche Reise wird aber erst dann zum Erlebnis, wenn man sich Etappenziele aussucht. Sehr beliebt bei Jugendlichen ist der so genannte **Canrail-Pass**, der mit dem europäischen Interrail vergleichbar ist: In einem bestimmten Zeitraum können beliebig viele Fahrten innerhalb Kanadas zurückgelegt werden. Dieses Ticket muss schon im Heimatland gekauft werden; Auskünfte erteilen die Bundesbahn und Reisebüros.

Auf den viel befahrenen Strecken zwischen den Metropolen ist das Zugreisen angenehm. Wer bereit ist, ein paar Dollar mehr auszugeben und 1. Klasse zu fahren, der wird wahrlich verwöhnt: Begrüßungsdrink, Menüwahl, Kaffee und Kekse machen das Bahnreisen zu einem Erlebnis. **VIA Rail**, die kanadische Eisenbahngesellschaft, verkehrt täglich auf der Strecke Québec–Toronto.

Mit dem Bus

Neben der Bahn ist der Bus das beliebteste Reisemittel für längere Strecken. Während die Bahn nur die größeren Städte miteinander verknüpft, fahren die Busse der verschiedenen Anbieter auch in die entlegendsten Dörfer und Winkel. **Greyhound**, **Voyageur** und **Acadian Lines** sind die bekanntesten der überregionalen Linien, deren Routen und Abfahrtszeiten Sie in den Tourist Offices erfragen müssen. Für längere Fahrten zwischen großen Städten gilt: schon zu Hause buchen.

Mit der Fähre

Wer nach Neufundland, Prince Edward Island oder auch nur den St.-Lorenz-Strom überqueren will, ist auf Fähren angewiesen. Sie verkehren zur Hauptreisezeit täglich. Dennoch sollte man sich auch hier vorher, soweit möglich, um freie Plätze bemühen; die Fremdenverkehrsbüros geben Auskunft über Abfahrtszeiten.

Der deutsche Führerschein ist drei Monate gültig, und bei längerem Aufenthalt benötigt man einen internationalen Führerschein. Beachten Sie unbedingt die Geschwindigkeitsvorschriften. Überschreitungen werden teuer: Auf Autobahnen gilt 100 km/h und auf Landstraßen 80 km/h.

Wirtschaft

Kanada ist überreich an Bodenschätzen wie Erze und Mineralien, besitzt unendliche Wälder, ist der größte Weizenproduzent der Erde und steht an vorderster Stelle als Fischexporteur. Mit den USA und Mexiko bildet Kanada seit 1994 die NAFTA (North American Free-Trade Area), eine Freihandelszone, die als eine Art Gegengewicht zur Wirtschaftskraft der EU ins Leben gerufen wurde. Dennoch führt der Handel mit den USA in den Augen vieler zu einem Ausverkauf der kanadischen Ressourcen. Sie beklagen nach wie vor, dass die US-Amerikaner nur an billigen Rohstoffen aus Kanada und nicht an hochwertigen Industrieprodukten interessiert seien.

Der Gütertransport war bei der immensen Ausdehnung des Landes lange ein Problem, bis in den fünfziger Jahren der St.-Lorenz-Seeweg ausgebaut wurde und nun selbst die größten Dampfer vom Atlantik 3775 km bis nach Thunder Bay am östlichen Ende des Lake Superior fahren können.

Zeitungen

Zwar beherrschen kontinentale Themen die rund 100 kanadischen Zeitungen, doch auch der EU-Binnenmarkt als wichtigster wirtschaftlicher Konkurrent findet mehr und mehr Beachtung. In der Provinz Québec erscheint ein Dutzend Zeitungen in französischer Sprache, und in Gegenden mit vorwiegend deutschstämmiger Bevölkerung wie Kitchener/Waterloo in Ontario werden auch Zeitungen in deutscher Sprache verlegt.

Die größten Zeitungen Kanadas sind *Toronto Stars*, *Globe & Mail* und *La Presse* (Québec).

Zeitverschiebung

Der Osten Kanadas ist in mehrere **Zeitzonen** eingeteilt:
Atlantic Time ist MEZ minus 5 Stunden,
Eastern Time ist MEZ minus 6 Stunden, und

Central Time ist MEZ minus 7 Stunden. In Neufundland gilt die **New Foundland Time:** MEZ minus $4^{1}/_{2}$ Stunden. Weiter östlich gibt es **Mountain Time** (minus 8 Stunden) und **Pacific Time** (minus 9 Stunden). Die Zeitzonen verlaufen nicht unbedingt identisch mit den Provinzgrenzen.

Vom letzten Sonntag im April bis zum letzten Samstag im Oktober gilt die Sommerzeit.

Zoll

Bis auf verderbliche Lebensmittel, Pflanzen/Saatgut und Handfeuerwaffen/automatische Waffen können Sie, unter Beachtung der Obergrenzen bei einigen Artikeln, alles einführen: Boote und Campingausrüstung ebenso wie Kamera und Angelmaterial. Obergrenzen sind: Spirituosen oder Wein 1 l, 200 Zigaretten oder 50 Zigarren oder 1 kg Tabak.

Sollten Sie Geschenke für kanadische Freunde im Gepäck haben, zeigen Sie am besten die Quittungen, denn Präsente über 40 Can$ müssen verzollt werden.

Entfernungen (in km) zwischen wichtigen Städten Ostkanadas

	Algonquin Provincial Park	Fredericton	Halifax	Montréal	Niagara Falls	Ottawa	Québec	St. John's*	Toronto
Algonquin Provincial Park	–	1360	1805	500	360	295	750	2955	230
Fredericton	1360	–	435	860	3040	1075	620	1560	1420
Halifax	1805	435	–	1305	3475	1510	1055	1295	1845
Montréal	500	860	1305	–	680	205	250	2420	550
Niagara Falls	360	3040	3475	680	–	520	2420	3100	130
Ottawa	295	1075	1510	205	520	–	455	2660	430
Québec	750	620	1055	250	2420	455	–	2180	800
St. John's*	2955	1560	1295	2420	3100	2660	2180	–	2980
Toronto	230	1420	1845	550	130	430	800	2980	–

* Mit Fähre Sydney–Channel–Port-aux-Basques

Vorgeschichte

Zwischen 20 000 und 12 000 vor unserer Zeitrechnung gelangen die ersten Fischer und Jäger aus Ostasien über Landbrücken in der Beringstraße, die von Eiszeiten geschaffen worden waren, in den heutigen kanadischen Osten. Sie gelten als Vorfahren der späteren Ureinwohner, der Inuit im nördlichen Raum und der Indianer weiter im Süden.

Um 1000 n. Chr.

Wikinger errichten ihre erste Siedlung auf Neufundland.

1497

Im Juni landet John Cabot im Auftrag der englischen Krone an der Ostspitze des heutigen Nova Scotia, Cape Breton Island.

1534

Der Franzose Jacques Cartier segelt als Erster den St.-Lorenz-Strom hinauf bis zur Indianersiedlung Hochelaga, dem heutigen Montréal.

1605

Samuel de Champlain erreicht die Halbinsel Nova Scotia und gründet dort die erste französische Siedlung, Port Royal.

17. Jahrhundert

Missionare kommen und dringen weiter nach Westen vor, bis an den Lake Huron, wo um 1630 das Jesuitenlager St. Mary-among-the-Hurons entsteht.

1690–1713

Die kriegerischen Auseinandersetzungen zwischen England und Frankreich greifen auch auf die Siedlungsgebiete beider Länder über. Rund um die fünf großen Seen hatten sich Siedler aus den Neuenglandstaaten mit englischer Unterstützung ausgebreitet.

1755

Die Engländer vertreiben sämtliche Neu-Franzosen aus dem heutigen Gebiet Nova Scotia, weil diese nicht bereit sind, einen Treueschwur auf den englischen König zu leisten.

1756–1763

Der Siebenjährige Krieg entscheidet endgültig über die Vorherrschaft auf dem nordamerikanischen Kontinent: Im Frieden von Paris (1763) gehen alle französischen Siedlungen an England.

1774

Der Québec-Act garantiert den Franzosen entlang des St.-Lorenz-Stroms das Recht auf französische Sprache und katholische Religion.

1783

Die unterlegenen englischen Siedler ziehen in die heutigen Atlantikprovinzen und legen den Grundstein für die anglophonen Kolonien.

1791

England teilt das Land in Oberkanada (Québec) und Unterkanada (Ontario).

1812–1814

Die Vereinigten Staaten von Amerika kämpfen gegen die Engländer mit dem Ziel, ihren Einflussbereich auf Kanada auszudehnen. Die Engländer auf kanadischem Boden gewinnen den Krieg.

1841

Die beiden Provinzen Ober- und Unterkanada werden zur britischen Kolonie Kanada vereint.

1857

Ottawa wird von Queen Victoria zur Hauptstadt der Provinz Canada erklärt.

1867
Ontario, Québec, New Brunswick und Nova Scotia vereinigen sich zum autonomen Dominion Canada.

1873
Prince Edward Island tritt dem kanadischen Staatenbund bei.

1881–1885
CP, die Canadian Pacific Eisenbahngesellschaft, baut die Eisenbahnstrecke vom Atlantik zum Pazifik. Viele erstklassige Hotels entstehen entlang der Route, wie das Château Laurier und Château Frontenac, die auch heute noch im Besitz von CP sind.

1895
Der Goldrausch am Klondike in Yukon beginnt. Durch ihn kommen Anfang des 20. Jh. Millionen Europäer ins Land, viele bewältigen die mühsame Reise in den Westen nicht und finden unterwegs ein neues Zuhause.

1918
Kanada hatte an der Seite Englands gekämpft und erhält als Dank die vorläufige Souveränität.

1931
Kanada wird außenpolitisch unabhängig von Großbritannien. Der Staatenbund erklärt sich für souverän und wird ein vollkommen autonomer Staat.

1. Hälfte des 20. Jh.
Als Folge der Weltkriege wandern viele Europäer aus England, Frankreich und Deutschland nach Kanada aus. Auch US-Amerikaner besiedeln weite Landstriche.

1949
Neufundland tritt als zehnte Provinz dem Bundesstaat Kanada bei.

1959
Der St.-Lorenz-Seeweg wird fertig gestellt: Hochseedampfer fahren nun vom Atlantik die rund 3500 Kilometer bis in den Lake Superior.

1969
Im Official Languages Act werden Englisch und Französisch als offizielle Landessprachen anerkannt.

1980
Eine Mehrheit in Québec ist gegen einen unabhängigen Staat Québec.

1992
Im Oktober scheitert eine neue Verfassung an einer Volksbefragung, die den Provinzen mehr Rechte zugestehen.

1995
In der Provinz Québec wird eine Volksabstimmung über die Unabhängigkeit angesetzt. Am 30. Oktober stimmen 50,4 Prozent gegen einen unabhängigen Staat Québec.

1998
Alle Provinz-Parlamente und Territorien außer Québec verabschieden die »Erklärung zur besonderen Rolle Québecs in der kanadischen Föderation und zur nationalen Einheit«.

1999
Das Oberste Gericht Kanadas nennt den Wunsch Québecs nach Unabhängigkeit verfassungswidrig. Seit 1. April 1999 hat sich Kanadas Landkarte verändert. Das neue Territorium, 1,9 qkm groß und Nunavut genannt, erstreckt sich über den Ostteil der kanadischen Arktis.

2000
Bei den Parlamentswahlen im Herbst erringt die Liberale Partei von Premier Jean Chretien zum dritten Mal in Folge die absolute Mehrheit.

Wichtige Worter und Ausdrücke

Ja	*Yes*
Nein	*No*
Bitte	*My pleasure, you're welcome*
Danke	*Thank you*
Wie bitte?	*Pardon?*
Ich verstehe nicht	*I didn't understand you*
Entschuldigung	*Sorry, I beg your pardon, excuse me*
Guten Morgen	*Good morning*
Guten Tag	*How do you do*
Guten Abend	*Good evening*
Hallo	*Hello*
Ich heiße ...	*My name is ...*
Ich komme aus ...	*I come from ...*
Wie geht's?	*How are you?*
Danke, gut	*Thanks, fine*
Wer, was, welcher	*Who, what, which*
Wie viel	*How many, how much*
Wann	*When*
Wie lange	*How long*
Sprechen Sie Deutsch?	*Do you speak German?*
Auf Wiedersehen	*Good bye*
Bis bald	*See you soon*
Heute	*Today*
Morgen	*Tomorrow*

Mit und ohne Auto

Wie weit ist es nach ...?	*How far is it to ...?*
Wie kommt man nach ...?	*How do I get to ...?*
Wo ist ...?	*Where is ...?*
– die nächste Werkstatt	*– the next garage*
– der Bahnhof/ Busbahnhof	*– the station/ bus terminal*
– die nächste U-Bahn-/ Bus-Station	*– the next subway station/ bus stop*
– die Touristen- information	*– the tourist information*
– die nächste Bank	*– the next bank*
– die nächste Tankstelle	*– the next gas station*

Wo finde ich einen Arzt/ eine Apotheke?	*Where do I find a doctor/ a pharmacy?*
Bitte voll tanken	*Fill up please*
Normalbenzin	*Regular gas*
Super	*Super*
Diesel	*Gasoil*
rechts	*right*
links	*left*
geradeaus	*straight ahead*
Ich möchte ein Auto/ein Fahr- rad mieten	*I would like to rent a car/bike*
Wir hatten einen Unfall	*We had an accident*
Eine Fahrkarte nach ... bitte	*A ticket to ... please*
Ich möchte ... Euro in ... wechseln	*I would like to change foreign currency*

Hotel

Ich suche ein Hotel	*I'm looking for a hotel*
– eine Pension	*a guesthouse*
Ich suche ein Zimmer für ... Personen	*I'm looking for a room for ... people*
Haben Sie noch Zimmer frei?	*Do you have any vacancies?*
Ich habe ein Zim- mer reserviert	*I made a reser- vation for a room*
Kann ich mit Kre- ditkarte zahlen?	*Do you accept credit cards?*
Haben Sie noch Platz für ein Zelt/einen Wohnwagen?	*Is there any space for a tent/ a campervan?*

Ämter, Banken, Zoll

Haben Sie etwas zu verzollen	*Do you have any- thing to declare?*
Ich möchte einen Reisescheck einlösen	*I would like to cash a traveller's check*
Ich habe meinen Pass/meine Geldbörse verloren	*I have lost my passport/ my wallet*
Ich suche einen Geldautomaten	*I am looking for a cash teller*

Aussprache

~ über einem Vokal bedeutet, dass er nasal ausgesprochen wird:

ã wie z. B. in chance
ä wie in terrain
õ wie in Bonbon

Wichtige Wörter und Ausdrücke

ja	oui [ui]
nein	non [nõ]
bitte	s'il vous plaît [sil wu plä]
danke	merci [mersi]
und	et [e]
Wie bitte?	Comment? [komã]
Ich verstehe nicht	je ne comprends pas [schön kõmprã pa]
Entschuldigung	pardon/excusezmoi [pardõ/ exküseh-moa]
Guten Morgen/ Tag	bonjour [bõschur]
Guten Abend	bonsoir [bõsuar]
hallo	salut [salü]
Ich heiße	Je m'appelle [schö mapäl]
Ich komme aus	Je suis de [schö süi dö]
Wie geht es Ihnen/Dir?	Comment allez-vous/vas-tu [kommã alleh-vu/va-tü]
danke, gut	bien, merci [bjä mersi]
wer, was, welcher	qui, que, lequel [ki, kö, lökel]
wie viel	combien [kombiä]
wo ist?	où-est [u-ä]
wann	quand [kõ]
wie lange	combien de temps [kõbiäd tã]
warum	pourquoi [puhrkwoa]
Sprechen Sie Deutsch?	Parlez-vous allemand [parle-vu almã]
Auf Wiedersehen	au revoir [oh rövuar]
heute	aujourd'hui [oschurdüi]
morgen	demain [dömã]
gestern	hier [jär]

Mit und ohne Auto unterwegs

Wie weit ist es	Combien de kilomètre y a-t-il [kombiä dö kilomätr i jatil]
Es ist weit	C'est loin [sä luã]
Wo ist ...	Où se trouve [us truv]
– die nächste Werkstatt?	le garage le plus proche [le garasch le plü prosch]
– der Bahnhof/ Busbahnhof?	la gare (routière) [la gar/gar rutjär]
– U-Bahn-Haltestelle	l'arrêt du métro [larrä dü metroh]
– Bus-Station	l'arrêt d'autobüs [larrä dotobüs]
– der Flughafen	l'aéroport [laehropor]
– eine Bank	une banque [ün bãk]
– eine Tankstelle?	une station-service [ün stasjõ servis]
Ich suche einen Arzt/eine Apotheke	Je cherche un médicin/ une pharmacie [schö schersch ä mehdsä/ ün farmasi]
Bitte voll tanken!	Le plein, s'il vous plaît [lö plä sil vu plä]
Normalbenzin	l'essence [lesãs]
Diesel	gas-oil [gasual]
nach rechts/ links	à droite/gauche [a druat/gohsch]
geradeaus	tout droit [tu drua]

Hotel

Haben Sie noch Zimmer frei?	Avez-vous encore des chambres libres? [aveh-vu ãkor deh schãbrö libr]
– für eine Nacht	pour une nuit
Wie viel kostet das Zimmer?	Combien coûte la chambre? [kombiä kut la schãbrö]
Ich habe ein Zimmer reserviert	J'ai réservé une chambre [schä reserveh ün schãbrö]

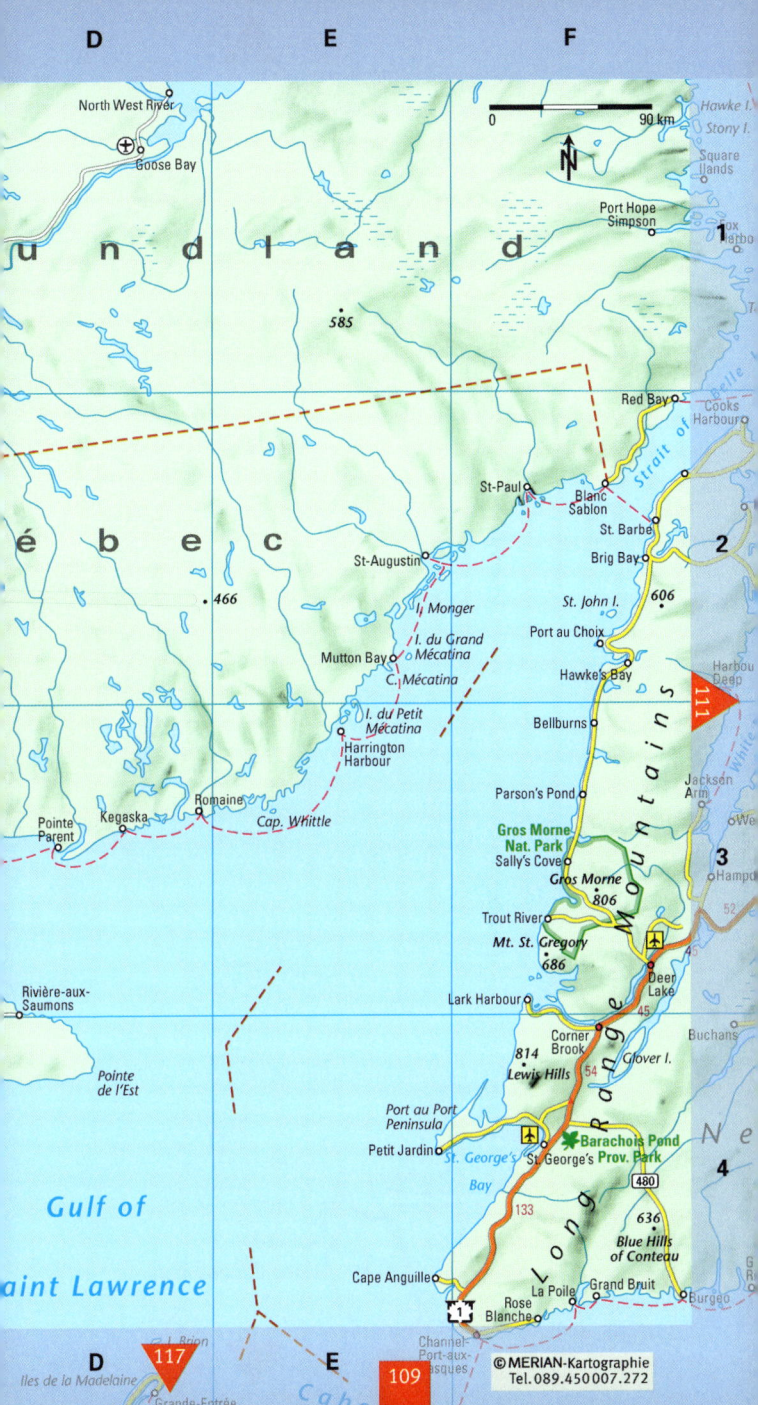

D   **E**   **F**

North West River

Goose Bay

Port Hope Simpson

1

Hawke I.
Stony I.
Square Islands

· 585

u n d l a n d

Red Bay

Cooks Harbour

Harbour

St-Paul
Blanc Sablon
St. Barbe
Brig Bay

St-Augustin

2

é   b   e   c

· 466

Monger
I. du Grand Mécatina
Mutton Bay
C. Mécatina

St. John I.
· 606
Port au Choix

Hawke's Bay

Harbour Deep

I. du Petit Mécatina

111

Harrington Harbour

Bellburns

Parson's Pond

Jackson Arm

Pointe Parent

Kegaska
Romaine
Cap. Whittle

Gros Morne Nat. Park
Sally's Cove

Gros Morne
· 806

We

3

Hamp

Rivière-aux-Saumons

Trout River
Mt. St. Gregory
· 686

· 52

Deer Lake

· 45

Buchans

Lark Harbour

Pointe de l'Est

Corner Brook
· 814
Lewis Hills

Glover I.

· 54

Ne

4

Port au Port Peninsula
Petit Jardin

Barachois Pond
St. George's Prov. Park
St. George's Bay
· 480

Gulf of

aint Lawrence

133

· 636
Blue Hills of Conteau

G. R

Cape Anguille

La Poile
Grand Bruit
Burgeo

Rose Blanche

Channel-Port-aux-Basques

D   **E**

117

I. Brion

Îles de la Madeleine

Grande-Entrée

109

Cabo

© MERIAN-Kartographie
Tel.089.450007.272

0   90 km

Strait of Belle Isle

Long Range Mountains

White Bay

St-Pierre et Miquelon (France)

© MERIAN-Kartographie
Tel.089.450007.272

9

10

11

12

J a m e s

B a y

Houston Pt.

North Twin I.

South Twin I.

Cape
Duncan

imiski
sland

hewan

Nomansland Pt.

Halfway Pt.

Charlton I.

Pte. Swayan

*Hannah
Bay*

Pte. Longue

Wemindji

Eastmain

Mt. Sherrick
164

Baie de
Rupert

Fort Rupert
(Waskaganish)

onee

Moose R.

Radisson

*Rés. de
LG Deux*

Rés. de
LG Tr

Lac
Sakami

Rés.
Opinaka

Riv. Eastmain

Riv. Rupert

Riv. Broadback

Láa
Mesgoue

Riv. Harricana

Riv. Nottaway

Kesagami
Lake
Prov. Park

Lac
Evans

La Rése
de Assin

L. As

109

Matagami

Joutel

Val-Paradis

Normetal

bega

549

55

*Lake
bitibi*

101

122

Kirkland
Lake

32

38
20

63

Duparquet

Poularies

Rouyn-
Noranda

Arntfield

111

Tascherau

Amos

Barraute

Rivière-Héva

111

600

218

Miquelon

Lebel-sur-
Quévillon

Beattyville

64
113

Lac Parent

Senneterre

Riv. Bell

113

Mt. Opé

Cha

114

17

83

Englehart

5

101

90

29

43

Val-d'Or

37

Louvicourt

N

0   90 km

New
eard

D

otre-Dame-
u-Nord

119

E

113

*Lac
Simard*

amiskaminque

Belleterre

Réserve

Rés.
DeCelles

Ville Mario

© MERIAN-Kartographie
Tel. 089.450007.272

Saint La wrence

Cape Anguille   La Poi   Grand Bruit   Burgeo

Rose
Blanche

Channel-
Port-aux-
Basques

I. Brion

Iles de la Madeleine

Grande-Entrée

Cap-aux-Meules

Ile-d'Entrée

Havre-Aubert

C a b o t   Strait

C. St. Lawrence

Cape Breton
Highlands
Nat. Park

Cape North

South Harbour

532
White
Hill

Angonish Beach

Chéticamp

76

Cape Breton Island

111

Karte siehe
Seite 87

ce Edward I.   Elmira

rell

Souris

2

rlottetown

1

Murray
Harbour

66

Wood Islands

C. George

Pictou I.

George's
Bay

Margaree
Forks

43

North Sydney   Glace Bay

Baddeck

Sydney

Cape Breton

Mabou

35

Louisbourg

Bras d'Or
Lake

Gabarouse

60   48

105

47

Port Hastings   St. Peters

ictou

63

Antigonish

104

Arichat

104   54

New Glasgow

Boylston

Canso

40

N o v a

Pt. Bickerton

106

Liscomb

71

Sheet
Harbour

19

51

45

th

18

Sable I.

19

A n t i c   O c e a n

20

N

0   90 km

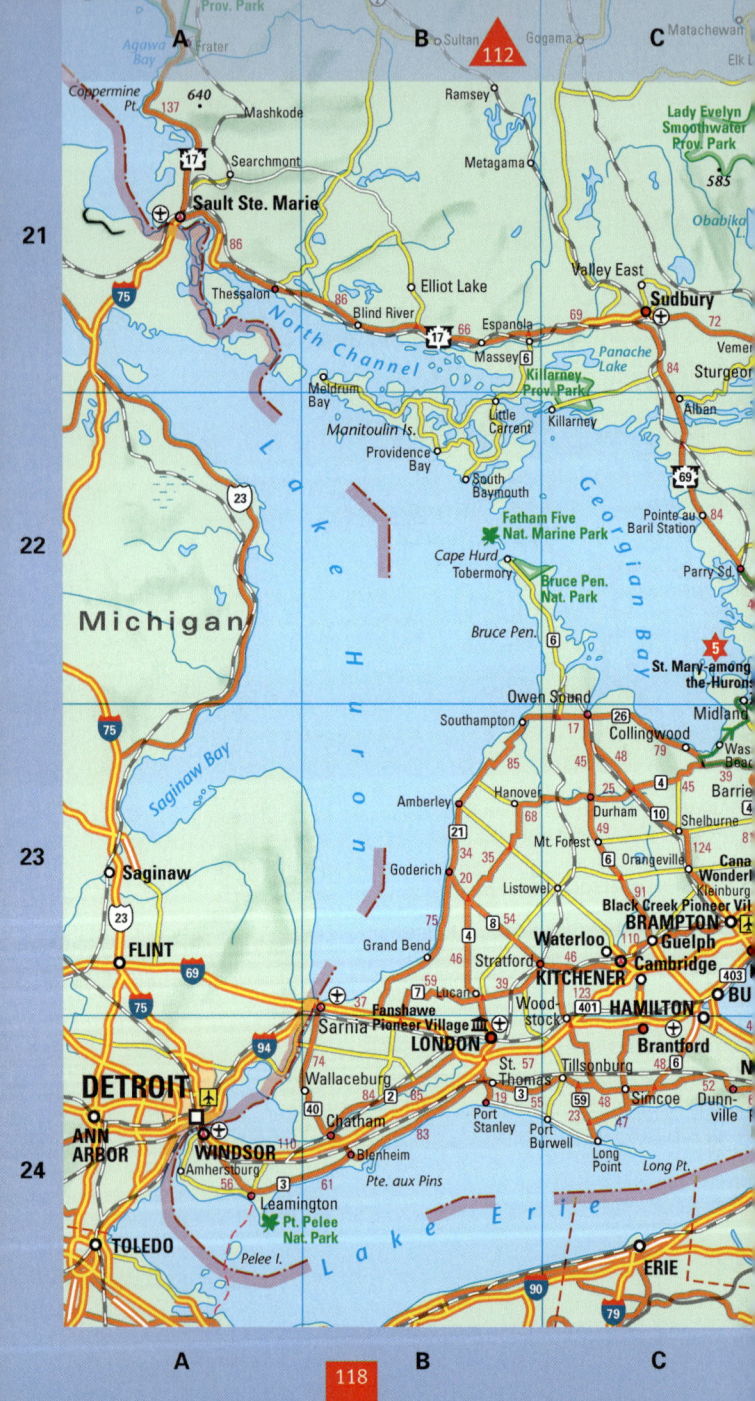

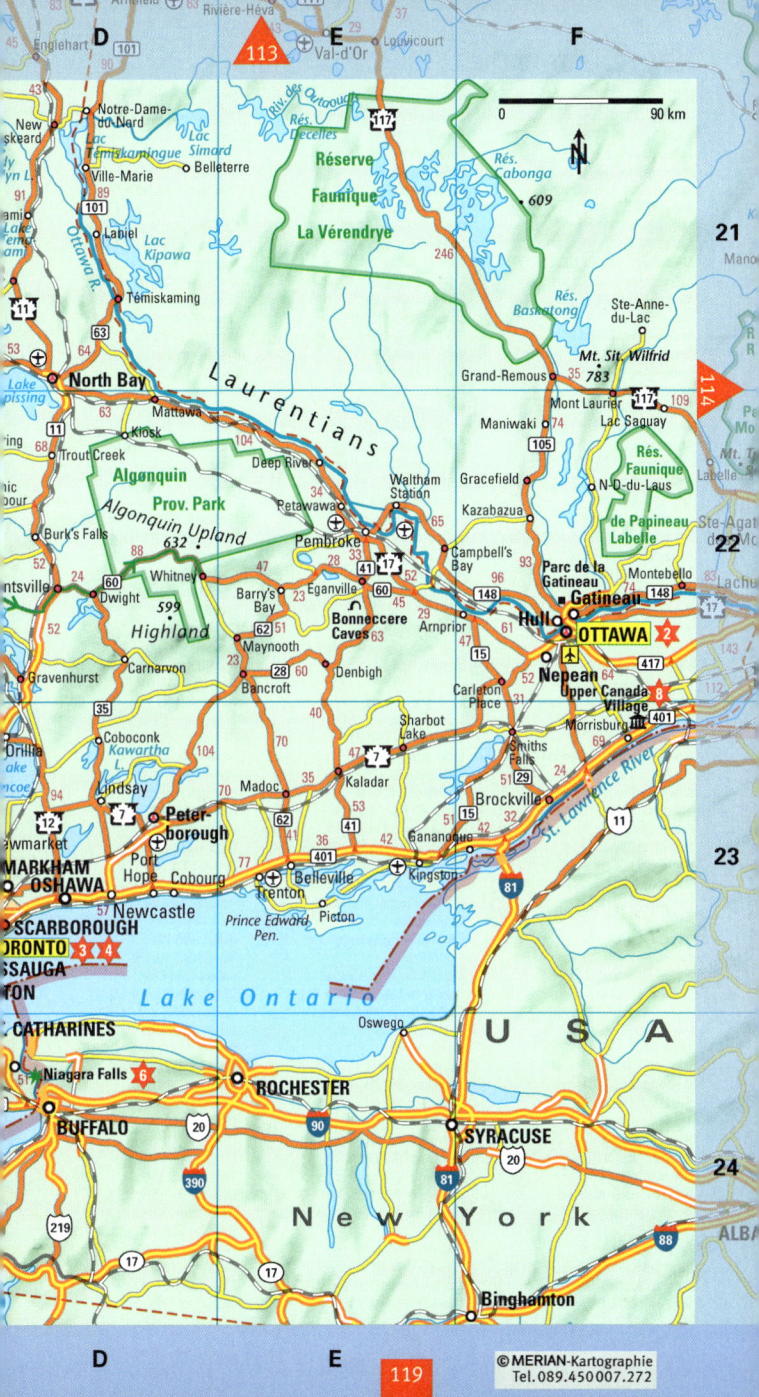

Zeichenerklärung
○   Orte
△ ▲   Kap, Insel, Gebirge
∞   Landschaft
~   Gewässer, Strand
★   Sehenswürdigkeit
☆   Nationalpark

ORTS- UND SACHREGISTER

Hier finden Sie alphabetisch aufgeführt alle in diesem Band beschriebenen Orte und Ziele, Routen und Touren. Bei einzelnen Sehenswürdigkeiten steht jeweils der dazugehörige Ort in Klammern, bei Hotels steht zusätzlich die Abkürzung H für Hotel.

Außerdem enthält das Register wichtige Stichworte sowie alle MERIAN-Tipps und Extras dieses Reiseführers. Wird ein Begriff mehrfach aufgeführt, verweist die **fett** gedruckte Zahl auf die Hauptnennung im Band.

MERIAN
Die Lust am Reisen.

DM 14,80 · SFR 14,00 · ÖS 108 · LIT 19 000 · 3 · MÄRZ 99 · C 4701 E

MERIAN
Kanadas Osten

Jetzt neu im Internet: www.merian.de

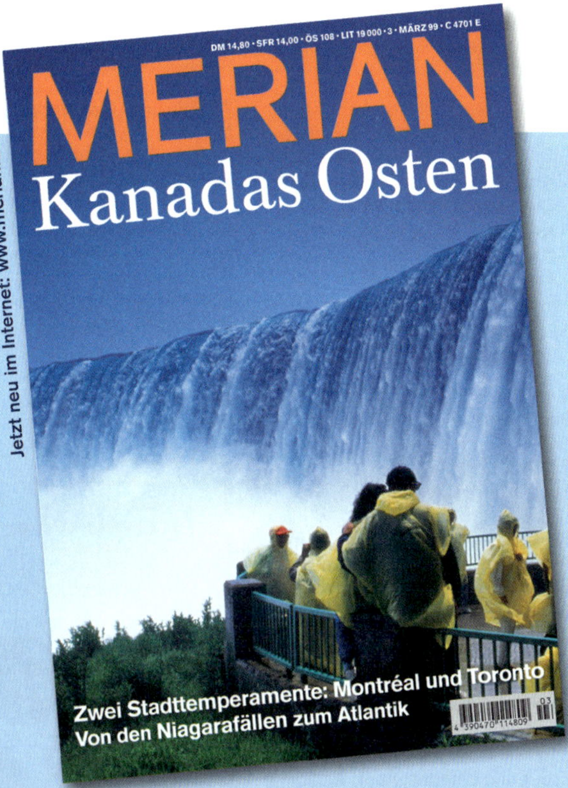

Zwei Stadttemperamente: Montréal und Toronto
Von den Niagarafällen zum Atlantik

Jetzt im Buchhandel:
das MERIAN-Heft Kanadas Osten

Englisches Know how und französische Lebensart.
Boomtown Toronto. Die Faszination des
Nordens. Klang der Kälte: Winter in Québec.
Träumen im Cirque du Soleil.

Über 100 weitere Titel im Buch- und Zeitschriftenhandel

IMPRESSUM

Liebe Leserinnen und Leser,

wir freuen uns, Ihre Meinung zu diesem Reiseführer zu erfahren. Bitte schreiben Sie uns, wenn Sie Berichtigungen und Ergänzungsvorschläge haben oder wenn Ihnen etwas besonders gut gefällt:

Gräfe und Unzer Verlag, Reiseredaktion, Postfach 86 03 66, 81630 München
E-Mail: merian-live@graefe-und-unzer.de

Alle Angaben in diesem Reiseführer sind gewissenhaft geprüft. Preise, Öffnungszeiten usw. können sich aber schnell ändern. Für eventuelle Fehler übernimmt der Verlag keine Haftung.

© Gräfe und Unzer Verlag GmbH, München

Auflage	5.	4.	3.	2.	1.
Jahr	2005	04	03	02	01

Redaktion: Christa Botar
Bildredaktion: Christof Klocker, Christa Botar
Kartenredaktion: Reinhard Piontkowski

Bei Interesse an Karten aus MERIAN-Reiseführern schreiben Sie bitte an: iPublish GmbH, geomatics, Berg-am-Laim-Straße 47, 81673 München E-Mail: geomatics@ipublish.de

Gestaltung: Ludwig Kaiser
Karten: MERIAN-Kartographie
Produktion: Helmut Giersberg
Satz: Filmsatz Schröter, München
Druck und Bindung: Appl, Wemding
ISBN 3–7742–5969–0

Fotos:
Alle Fotos von A. Mosler außer M. Dederichs 47 o, 47 u; M. Hannwacker 69 u; K. Teuschl 4/5, 24/25, 33, 36, 53, 55, 62, 69 m; timmermann fotopresse 69 o

Gedruckt auf Luxokay mattgestrichen von Schneidersöhne Papier.